科学巨人

茅以升

松 鹰 主编
茅玉麟 孙士庆 编著

童趣出版有限公司编　人民邮电出版社出版
北　京

图书在版编目（ＣＩＰ）数据

茅以升 / 松鹰主编 ; 茅玉麟, 孙士庆编著 ; 童趣出版有限公司编. -- 北京 : 人民邮电出版社, 2021.8
（科学巨人. 中国科学家的榜样故事）
ISBN 978-7-115-56112-1

Ⅰ. ①茅… Ⅱ. ①松… ②茅… ③孙… ④童… Ⅲ.
①茅以升（1896-1989）－生平事迹－少儿读物 Ⅳ.
①K826.16-49

中国版本图书馆CIP数据核字(2021)第041518号

责任编辑：张艳婷
责任印制：孙智星
美术编辑：段　芳

编　　　：童趣出版有限公司
出　　版：人民邮电出版社
地　　址：北京市丰台区成寿寺路 11 号邮电出版大厦（100164）
网　　址：www.childrenfun.com.cn

经销发行：010 - 81054120
读者热线：010 - 81054177

印　　刷：天津千鹤文化传播有限公司
开　　本：880×1270　1/32
印　　张：6
字　　数：130千
版　　次：2021 年 8 月第 1 版　　2025 年 8 月第 8 次印刷
书　　号：ISBN 978-7-115-56112-1
定　　价：28.00 元

序

　　茅以升是著名桥梁专家、工程教育家、社会活动家，是中国桥梁事业的先驱。1916 年，他毕业于唐山工业专门学校（原唐山路矿学堂），后考取清华学堂官费赴美留学名额，先后获得硕士学位和工学博士学位。20 世纪 30 年代，他主持设计并组织修建了中国第一座现代化桥梁——钱塘江大桥，为我国桥梁建设做出了突出的贡献。钱塘江大桥成为中国铁路桥梁史上的一座里程碑。茅以升主持我国铁道科学研究院工作 30 余年，为铁道科学技术进步做出了卓越的贡献，是积极倡导将土力学应用在工程中的开拓者。在工程教育中，他首创启发式教育法，坚持理论联系实际，致力于教育改革，为我国培养了一大批科学技术人才。他还长期担任学会（中国工程师学会等）领导工作，是我国工程学术团体的创建人之一。

　　他在建桥的过程中，克服了 80 多个重大难题，仅用两年半时间，就在急流汹涌的钱塘江上建起了这座长 1453 米、高 71 米的铁路公路两用双层大桥，这是中国桥梁建筑史上的大事。

　　　　　　——周培源（著名理论物理学家、教育家和社会活动家）

　　作为茅老的学生和助手，对他那种学识渊博而又虚怀若谷的一代大师的高尚品德，我将永志不忘。

——卢肇钧（铁道科学研究院研究员）

诗人常把天上的彩虹喻为人间的桥梁，父亲用自己的生命化作彩虹，永留人间。

——茅玉麟（茅以升女儿，原北京茅以升科技教育基金会秘书长）

人生一征途耳，其长百年，我已走过十之七八。回首前尘，历历在目，崎岖多于平坦，忽深谷，忽洪涛，幸赖桥梁以渡。桥何名欤？曰奋斗。

——茅以升

科学绝不只是科学家的事情。只有让广大群众懂得科学，才能提高整个国家的科学水平。

——茅以升

前言

中国因他们而骄傲

这套《科学巨人——中国科学家的榜样故事》系列丛书共 10 本，由松鹰主编和统稿，邀请国内多位作家参加撰写。主要介绍 10 位中国的科学家，他们分别是詹天佑、茅以升、李四光、竺可桢、梁思成、林巧稚、华罗庚、钱学森、邓稼先、袁隆平。

詹天佑是中国杰出的爱国工程师，他主持修建了中国自主设计并建造的第一条主干铁路——京张铁路，被誉为"中国铁路之父"；茅以升是中国桥梁事业的先驱，他主持设计并组织修建的中国第一座现代化大型桥梁——钱塘江大桥，成为中国铁路桥梁史上的一座里程碑；李四光是"中国地质学之父"，他为中国甩掉"贫油"的帽子，为创立地质力学理论做出了重大贡献；竺可桢是中国近代地理学和气象学的奠基者、中国物候学的创始人；梁思成是中国著名建筑学家、古建筑保护的标志性人物；林巧稚是中国妇产科学的奠基人之一、北京协和

医院第一位中国籍妇产科主任，也是首届中国科学院唯一的女学部委员（现称院士）；华罗庚是国际数学大师，被誉为"中国现代数学之父"；钱学森是"中国航天之父"，由于他的卓越贡献，中国导弹、原子弹的研发向前推进了至少20年；邓稼先是"两弹元勋"，为中国核武器的研发做出了杰出的贡献；袁隆平是"杂交水稻之父"，他的成就为中国乃至世界粮食事业做出了巨大贡献。

这 10 位中国科学家，是中国科技的先驱者，是中国各个科技领域的旗手。他们为中国近现代科技的发展做出了巨大贡献，在世界范围内也享有盛誉。他们为伟大的祖国争了光，不愧是中国的骄傲！

　　这 10 位科学家的身上有许多宝贵的东西，值得我们学习。

　　一是爱国主义情怀。詹天佑幼年留学美国，回国后用学到的工程技术，投身于中国初期的铁路事业。在詹天佑之前，中国只有几条铁路，而且都是外国工程师主持修建的。詹天佑是第一位在中国成功主持修建铁路干线的中国工程师，在铁路工程技术领域打破了外国人的垄断。茅以升、李四光、竺可桢、梁思成、华罗庚和钱学森这些科学家，早年也都曾出国留学，

并且事业有成。他们毅然放弃国外优厚的待遇，有的还克服重重阻挠，回到祖国的怀抱，用所学报效国家和人民，为中国科技的发展做出了开创性的贡献。茅以升在 20 世纪 30 年代主持设计并组织修建了中国第一座现代化桥梁——钱塘江大桥，为中国桥梁事业做出了突出的贡献。邓稼先是美国普渡大学的博士，1950 年，他毅然回国，投身于我国核武器的研制，为祖国的强盛做出了不可磨灭的贡献。

二是勇攀高峰的创新精神。华罗庚只有初中文凭，但是他自学完成了高中和大学低年级的全部数学课程，20 岁时就以一篇论文轰动数学界。他不迷信权威，勇闯世界数学高峰，在多复变函数论、矩阵几何学等方面的成就卓越，被公认为国际数学大师。袁隆平是中国杂交水稻事业的开创者，是当代"神农"。几十年来，他始终在农业科研第一线辛勤耕耘、不懈探索，运用科技手段为人类战胜饥饿带来绿色的希望和金色的收获。李四光在科学研究上独立思考，不迷信外国权威，创立了地质力学理论，为中国找到了大量的石油资源和稀有矿藏，为中国甩掉"贫油"的帽子做出了重大贡献。他晚年还壮心不已，抱病对地震预报、地热开发等做了大量研究。

三是可贵的奉献精神。邓稼先为了研制中国的核武器，隐姓埋名20多年，并为此奉献了自己的生命，但他从不后悔。袁隆平从事杂交水稻研究半个多世纪，呕心沥血，苦苦追求，其卓越成就，不仅为解决中国人民的温饱问题和保障国家粮食的安全做出了贡献，更为世界和平和社会进步树立了丰碑。竺可桢在气象学、气候学、地理学、物候学、自然科学史等方面的造诣很深。他始终从科学的视角，关注着中国的人口、资源、环境问题，是"可持续发展"的先觉先行者。林巧稚不仅医术高明，她的医德、医风、奉献精神更是有口皆碑，她心中始终装着妇女、儿童。林巧稚一生亲自接生了5万多个婴儿，她把每一个婴儿都看作自己的孩子。

此外，梁思成为了保护中国古建筑文化遗产不遗余力。作为中国著名建筑学家、古建筑保护的标志性人物、中国建筑学界的一代宗师，他毕生致力于中国古建筑的研究和中国的建筑教育事业，为祖国培养了大批建筑人才。美国学者费正清称赞梁思成、林徽因夫妇说："无论疾病还是艰难的生活都无损于他们对自己的开创性研究工作的热情。就是在战时，梁思成依旧用英文写成了《图像中国建筑史》。在我们的心目中，他们是不畏困难、献身科学的崇高典范。"

茅以升生平简历
1896—1989

1896
1月9日，生于江苏省镇江市。

1911—1916
在唐山路矿学堂读书，毕业考试名列榜首。

1916—1917
考取清华留美公费研究生，在美国康奈尔大学研究院留学，获得土木工程硕士学位。

1917—1919
其博士论文《框架结构的次应力》的科学创见被称为"茅氏定律"，因此荣获该院首个工学博士学位和"斐蒂士"金质奖章。

1920—1933
先后任交通大学唐山学校教授、副主任及北洋工学院院长兼教授等职，提倡工科教学要理论联系实际。

1933—1937
主持设计和建造了钱塘江大桥，该桥被称为"中国近代桥梁史上划时代的里程碑"。

1955—1957
主持修建武汉长江大桥，解决了建桥中的 14 个技术难题。1957 年 10 月 15 日，武汉长江大桥落成通车。

1959
兼任人民大会堂结构审查专家组组长，审定设计方案，签名承担人民大会堂的安全责任。

1962
所著《中国石拱桥》一文在《人民日报》发表，后被选进初中语文课本。

1963
所著《桥话》一书在《人民日报》连载。

1978
出席全国科学大会，是中央电视台向全世界介绍的 7 位中国科学家之一。

1979
荣获母校卡耐基理工学院颁发的"卓越校友"奖章。

1986
主编的《中国古桥技术史》一书出版，翌年获中国图书奖荣誉奖。

1989
11 月 12 日，在北京逝世，终年 93 岁。

Contents 目录

引言

　　"人生一征途耳，其长百年，我已走过十之七八。回首前尘，历历在目，崎岖多于平坦，忽深谷，忽洪涛，幸赖桥梁以渡。桥何名欤？曰奋斗。"

　　这是驰名中外的桥梁专家、教育家、社会活动家茅以升写下的人生格言，它既概括了茅以升富有传奇色彩的一生，也为后人留下了传世警句。

茅以升围绕"桥"展开了他可歌可泣的人生征途。他给人民留下的丰功伟绩，像钱塘江大桥、武汉长江大桥一样矗立着。他说："要说桥，它的含义很广，在我们的生活之中，有物质的桥，还有精神的桥，友谊的桥……"

他一生顽强拼搏，不断创新，追求真理，奋斗不息。他是老一辈科技工作者中的楷模，是广大青少年学习的榜样。他用自己的言行为后人建起了一座永不磨灭的"榜样之桥"。这座"榜样之桥"引导青少年走向人生，走向事业；引导青少年学会做人，学会治学创业。茅以升特别关心青少年的成长，他不辞辛苦，呕心沥血，致力于引导青少年爱科学、学科学、用科学，献身于祖国的科学事业。

本书向青少年读者展示的，就是茅以升丰富多彩的人生，以及他和桥的故事……

第一章 | 人生帷幕

茅氏家族

镇江，长江南岸的一座古城，古时称作京口，即现今江苏省镇江市。北宋时期的文学家、政治家王安石在诗篇里写道：

> 京口瓜洲一水间，钟山只隔数重山。
> 春风又绿江南岸，明月何时照我还？

春秋时期，京口被称作朱方。东汉末年，吴国孙权曾在此处建都，不久西迁南京，这里才改称京口。

镇江位于长江和大运河交汇之处，与北岸著名的瓜洲古渡遥遥相对，一水相隔，是苏北平原与苏南腹地的水上交通要道。这里自古以来就是兵家必争之地。临江平原上拔地而起的三座小山——金山、焦山、北固山，虽无华山之险、泰山之峻，却因倚山而建的禅宗名刹以及《三国演义》中"甘露寺刘备招亲"、《白蛇传》中"水漫金山"等历史故事和神话传说，成为江南风景名胜。北宋科学家沈括晚年选中了镇江这个山明水秀的地方，修筑梦溪园，写下了科技著作《梦溪笔谈》。

长江，滋润着神州大地，哺育着中华儿女。

1896 年 1 月 9 日，即清光绪二十一年十一月二十五日，伴随着大江东去的阵阵涛声，一个男婴降临到这座江南古城的一个书香门第。

孩子的祖父名叫茅谦，是位思想开明、颇有远见的举人。他给孩子起了个含义深刻的名字"以升"，取"国家升平"之意。然而，19 世纪的中国，清政府腐败无能，割地赔款，丧权辱国，置人民于水火之中，神州大地哪来的"升平"景象呢？他只不过是把自己美好的愿望寄托在孙子身上罢了。

茅谦于 1894 年（甲午年）赴南京参加乡试，中了举人。这年夏秋之际爆发了中日甲午战争，以中国惨败而告终。1895 年，清政府派李鸿章赴日本，签订了丧权辱国的《马关条约》，激起了全国人民的强烈反对。1898 年，茅谦参加了维新运动，与在湖南当幕僚时结识的挚友谭嗣同一起为变法维新奔走呼号。

在茅以升出生的第十个月，祖父茅谦决定举家搬迁至南京。消息传出，亲朋好友十分震惊，左邻右舍大惑不解。众所周知，茅家是名门望族，在镇江已定居多年。茅谦为何现在决意搬迁？

　　原来，在茅以升出生的年代，镇江是江南的一个商业城市。当地的特产香醋、肴肉、酱菜远销全国各地，市内居民多以经商为生，重商轻文之风日盛。茅谦是位思想进步的教育家、文学家，忧国忧民，无意经商，只愿后代早日成才，对国家有所贡献。他深感在镇江久居，对孙子以南、以升的启蒙教育十分不利，认为搬迁至南京可以开阔眼界、增长学识，为他们提供良好的成长环境。

　　1896 年 10 月，茅谦率领全家来到镇江梳儿巷茅家祠堂，拜别了列祖列宗，乘船沿长江西上，直达南京。

　　日落日出，周而复始；水涨水落，一年一度。岁月在无穷的循环中流逝，长江的子孙也在这循环中繁衍发展。

　　1987 年 9 月，91 岁高龄的茅以升最后一次重返故乡。这位从 19 世纪走来的桥梁专家，拜谒了自己曾经为北宋大科学家沈括故居题字的"梦溪园"后，又登上金山，凭栏远望，缅怀祖先，感慨万千："他（祖父）非常重视儿童的早期教育，为我开创了一个良好的学习环境，为使我长大成才，能为国家做出贡献，不惜抛弃名利、付出代价，用心何其良苦。再说安葬于镇江的慈母，她深明大义，英断决疑。当祖父决定搬迁时，体弱多病的慈母当即表示赞同，并说要效仿孟子的母亲择邻搬迁。出发之日，她怀抱着我这 10 个月的婴儿乘船在风浪中颠簸，由于晕船，饮食俱废，却从未露出难色。到达南京后她的病情加重，接连半年默默服药，不向家人吐露真情，唯恐祖父伤心后悔。先辈们那远见卓识的搬迁之举，在我人生起点的童年时期，拉开了动人的帷幕。"

茅家搬迁至南京 6 年之后，茅以升跟着哥哥以南去蒙馆上学。所谓蒙馆就是中国封建时代对儿童进行启蒙教育的学馆。教育内容主要是识字、写字和学习封建伦理道德，以《蒙学》《千字文》《三字经》《百家姓》《大学》《中庸》《论语》《孟子》为基本教材。学习期限可长可短，并不固定。

那时候，教书先生整天让学生背书。背、背、背！背不出就打手心。茅以升整天提心吊胆，他念着枯燥无味、晦涩难懂的古书，如同嚼蜡一样难受，哪里还有什么求知的快乐呢？

哥哥以南性情温和，比较听话，还能勉强念下去。茅以升天性活泼，很快就忍受不了了。他把自己的精力和感情全部倾注在课外活动中。他常常独自一人坐在院子里，看蚂蚁怎样搬家，看柳树怎样冒出绿芽。他还久久地思索着：月亮为什么有时变成铜盘，有时又变成一只小船？太阳为什么总是从东方慢慢升起来，傍晚又躲到西山的后边去……

元宵节时，按照南京的风俗习惯，家家户户的大人小孩都要玩花灯。这些灯造型各异，有圆有方，还有棱柱形的，五光十色，绚丽多彩。7岁的茅以升也被这些灯吸引住了，尤其是走马灯。那灯中间有一个轴，这个轴连接着能旋转的小轮子，轴心插着红通通的蜡烛，轮子四周插着彩色的纸人、纸马。蜡烛点燃后，轮子就带动彩色的纸人、纸马旋转起来。

走马灯像磁石一样，把茅以升的目光吸引住了。他仰着头，伸着脖子，眼睛眨也不眨地盯着走马灯，越看越入迷，一连串的问题涌现在他的脑海里：纸人、纸马怎么会转呢？怎么有时快有时慢？他冥思苦想着走马灯之谜。父亲看到他被迷住了，就告诉他："是蜡烛的热气熏的。"听了父亲的话，茅以升还不满足。为了弄清原因，他去买了一只走马灯，反复吹灭又点亮里面的蜡烛。有时还多放一支蜡烛，同时点燃两支蜡烛，纸人、纸马就转得更快。吹灭蜡烛后，纸人、纸马转的速度就越来越慢，直到停止不动。

小小的走马灯，唤起了这位未来科学家的好奇心——探索事物原委的好奇心。这种天真的好奇心，预示了茅以升内心科学幼苗的萌生。

1903年春，南京的一些"江南才子"创办了一所新型小

学——思益学堂。"江南才子"是指一些受"戊戌变法"感召，具有除旧布新的思想，主张效法西方各国兴办学堂，走教育救

国道路的人。

茅以升的父亲茅乃登，当时在江南官书编译局任编辑，也十分赞同兴办新型小学，并在思益学堂任业余义务国文教师。他为了在自己家里开一代新风，就把以升兄弟俩一同送到思益学堂念书。

茅以升离开蒙馆走进学堂，就像鸟儿飞出了笼子，别提多高兴了。他在学习算术、国文、历史、地理、自然等新课程时，如同海绵吸收水分那样，拼命汲取新鲜知识。

父亲异常欣喜地对茅以升说："元宵节，你探索了走马灯的奥秘，算是入了科学的大门。如今在新学堂里，你会学到更新、更深的科学知识。自然界里有无穷无尽的奥秘正在等待你去探索与发现。"

茅以升点头不语，暗暗发誓："我要探索大自然的奥秘。"

立志造桥

秦淮河是经南京注入长江的一条小河，全长仅 110 千米，流到南京城下分为两支："内秦淮"穿行城内，"外秦淮"绕过城南。据传，秦始皇凿通钟山，引淮水贯入城中，"秦淮"由此得名。这里自古以来两岸绿窗朱户，河中舟楫如云，岸上闹市繁华，故有"六朝金粉""十里秦淮"的美誉。

"烟笼寒水月笼纱，夜泊秦淮近酒家。"唐代诗人杜牧的《泊秦淮》一诗，更使秦淮河名扬天下。

1905 年，在我国民间传统节日端午节到来的时候，人们吃粽子，插艾蒿，把五彩纸做的葫芦挂在门上。南京秦淮河上举行了规模盛大的水上龙船比赛。

9 岁的茅以升在端午节前一天就和几个好朋友约好了，要去秦淮河畔看龙船比赛。可是真不凑巧，这天晚上茅以升偏偏肚子痛。病发作得很厉害，他冒着虚汗，疼痛难忍，一直到很晚才勉强睡下。第二天早晨，妈妈无论如何也不让他去看龙船比赛。他人虽待在家里，可心呢，早飞到了秦淮河上，往年赛龙船的景象一幕幕地浮现在眼前：一条条五彩缤纷的龙船上，坐着身材魁梧的水手，他们或穿着崭新一色的背心，或一律袒露油光黑亮的上身，处处显露出青春的健美。比赛时，只见水花四溅，木桨起落，龙船活像一条条长了翅膀的真龙，飞掠江面。还有优秀的水手在船上表演精彩的节目：有的倒立在高高的龙头上；有的一个鱼跃跳下水去，转眼捞起人们扔进水里的银圆……船上、岸上，锣鼓声、喝彩声，一浪高过一浪。

"今年赛龙船又有什么新奇的节目呢？"茅以升多么盼望小伙伴们赶快回来，把赛龙船的盛况讲给他听啊！谁知几个小伙伴没看完表演就慌慌张张地跑回来对他说："不好了，秦淮河上出事了！看赛龙船的人太多，把文德桥压塌了。幸亏你没有去……"茅以升听了大吃一惊，赶忙问："桥怎么会塌了呢？"小伙伴告诉他说："桥不结实呗！桥栏杆断了还不算，有好几块桥面横板也塌下来了。"茅以升又急切地问："那掉下去的人多吗？""掉下去的人可多了，我们学堂就有几个同学掉进水里了。"

这不幸的消息像一块巨石投进茅以升的心里，激起了千层浪花，他的眼前出现了人们哭喊呼救的惨景。于是，茅以升请求父亲带他到秦淮河畔看倒塌的文德桥。

父亲沉痛地说："相传，明朝开国皇帝朱元璋定都南京后大兴土木，在府学门前的秦淮河上，建造了这座文德桥。500年

来，由于战争动乱，这座石拱桥几次倒塌，几次修复。可惜，建桥时设计施工质量太差，酿成了今天赛龙船时桥毁人亡的大悲剧。"

"啊，原来桥造得不好，就会出大祸。那些掉进水里淹死的人，应当由造桥的人负责！"茅以升激动地说，"桥，能让千万人过河，当然是好事；但造得不好，引起灾难，那么有桥反而不如无桥了！我将来长大要造桥，一定造得比文德桥好！"

从此，茅以升对桥产生了强烈的兴趣。他只要见到桥，总是久久不肯离去，从桥面到桥墩看个不停。特别是看到装满货物的车辆和一群群行人从桥上顺利地跨过江河时，他的脸上就会浮现出无比喜悦的神情。

茅以升素有念古诗文的习惯，遇到有桥的句子或段落，他就随手抄在本子上，看到有桥的画面就剪贴起来。夜晚，他望着星空遐想："牛郎、织女是天上的两颗星，传说他俩都是神仙，每年在'天河'的'鹊桥'上相会一次。喜鹊能架桥，它们真是杰出的工程师。这天河该有多宽啊！桥梁是多么重要，就是神仙也需要桥……"

亲朋好友感到这孩子的言谈有些异常，都说他想入非非，他的父亲却说："不，你们不理解他，文德桥倒塌的悲剧激发以升立下了造桥的志向。"

祖父说:"从小受到的启发终生难忘。我少年时因目击水灾而萌发治水理想;壮年时,远游河北、河南、湖北、安徽,考察过黄河、长江、淮河、洞庭湖;晚年时,虽然致力于兴办学堂、创建报社,可是仍然不忘寻觅机会在江苏、广东参加治水工作,并著述《水利刍议》。在治水中,我深感桥梁与江河息息相关。如今,以升童年时代就树立远大理想,我全家应该大力相助,对他要爱护、引导、扶植、培养。"

听完祖父的话,茅以升悄悄来到祖父的书房,好奇地翻阅《水利刍议》。书中包括《古今水利情势及治理条议》《开讲论》《导淮入江论》《论湘皖水利》《与李斐君巡按论广东水利书》《与友人论江苏水利书》《治运河连带淮湖利说》等60余篇文章。

年幼的茅以升虽然看不懂书中深奥的理论,但是他深深敬佩祖父的学识及本领。他掩卷深思:"祖父兴修水利并著书立说,我长大以后也要会造桥、能写书。青出于蓝而胜于蓝。前辈能做的事,我也能做,而且还要超过他们。"

｜ 自立自强

1906 年，南京成立了江南中等商业学堂。校内设备齐全，学生一律住宿。学堂的主要课程有数学、物理、历史、地理、英语、法语等。先前两任学堂监督都是"两榜状元"，可见这所学堂在社会上地位是很高的。

那时，茅以升才 10 岁，仅上了 3 年小学的他竟然考上了这所全国屈指可数的新型中学。他是全校年龄最小的学生。学堂一般是按照学生的成绩来分班的，成绩好的被分到甲班，成绩较差的被分到乙班。学堂发榜后，茅以升被分到乙班。他感到奇怪："我考的成绩是优等，为什么被分到乙班？"后来一打听才知道，编到甲班的学生都是贵胄子弟，学堂为了讨好他们的家长，特地给他们一个好名义。茅以升为此愤愤不平："达官贵人家的少爷们仗着有钱有势，到什么地方都要高人一等！平民百姓家的孩子却处处受欺负。我要争这口气，在学习上非要超过他们不可！"

茅以升有个同学叫曹天潢，家里很穷，星期天也不回家，整天躲在教室里读书，每次考试都是第一名。茅以升很佩服他："还是穷人家的孩子有出息，知道上学不易，肯下功夫读书。"

茅以升从他身上学到了许多可贵的品质。他们朝夕相处，感情融洽。茅以升的母亲每周给他 10 个铜板，他一个也不乱花，更不加入班上买花生、蔗糖这类食品的小团体。他用节省下来的钱买课外读物，同曹天潢一起阅读，常共同探讨至深夜。这时，茅以升家里经济也遇到困难，时常不能按期缴纳食宿费，因此遭到贵胄子弟的讥讽，他感到非常气愤："我们穷困就要遭讥讽，真是生不逢时，难道阔家子弟的钱是娘胎里带来的？"曹天潢安慰他说："自古英雄多磨难，哪有纨绔成伟男？穷困中追求上进，更能增进自立自强的信心。"

从此，他俩结成了好友，日后更是成为终生挚友。这真挚的友谊也在班上成为佳话。

茅以升的自尊心很强。一天，二叔的朋友来做客，听说他10 岁就考入中学，就夸奖了他几句。二叔为人谦虚、客气，随口回答："他还不行，只是个娃娃。""什么，我不行？我还是个娃娃？"茅以升觉得二叔太看不起自己了，一气之下便躲进自己的房里，除了三顿饭之外，几乎整天都不出屋，出来也不和人说话。

母亲大为惊异："这孩子出了什么事？谁又伤害了他的自尊心？"她不由想起茅以升小时候的一件事。有一次，家里人跟他开玩笑，说他笨头笨脑不是茅家人，是从家门口台阶上捡来的孩子。茅以升听后连哭带喊地跑出门外，说："我也有一双手，也可以独立生活。既然我不是茅家人，我不回家了。"后来母亲出来"辟谣"，才平息了这场风波。

母亲知道了茅以升生气的原因后，就鼓励他说："你应该发奋读书，做个有出息的孩子给二叔看看，不能躲在屋子里光生气啊。"茅以升心想，对，我就干出个样子来给二叔瞧瞧，看我到底行不行！真是无巧不成书，茅以升后来担任唐山工程学院（原唐山路矿学堂）院长时，他的二叔恰好在这所学院里担任国文教员。在人生舞台上，想不到还安排了这一出侄子领导叔叔的喜剧。

一日，叔侄俩闲谈往事，茅以升动情地说："过去同窗好友曹天潇在我家经济遇到困难时，劝我自立自强。之后二叔您又用激将法，进一步使我从小树立起人贵自立的思想，促使我加倍努力、发奋读书，我才会在青年时代就有所作为。"二叔听了捻捻胡须，风趣地说："啊，我的激将法能有这么大的效力？那我今后可要多多研究激将法的妙用，以激励更多的青少年自立向上、发奋读书。"

说完，叔侄俩会意地笑了。

书山有路勤为径

10 岁的茅以升珍藏着一件墨宝——祖父用苍劲雄厚的颜体书写的条幅"勤奋"二字。

为何书赠"勤奋"二字？

一次，祖父给以升讲了个神话故事。很久以前，在遥远的东海边上，有一座高耸入云的山峰，山上住着一位白发老爷爷。他有一支神奇的笔，用它画鸟，鸟能飞；用它画鱼，鱼能在水中游；用它画楼呢，楼房真的能拔地而起；要是用它画桥呀，桥梁能飞架在江河上……因此，许多人都渴望得到这支神笔，以期过上幸福美满的日子。可是，在那个年月里，谁也没有得到过它……

祖父说："为什么得不到呢？只因不知道得到它的秘诀！"

"祖父，得到神笔的秘诀到底是什么呀？"茅以升马上联想到，如果自己有了这支神笔，用它造桥可就不发愁了。

"哈哈哈……"祖父爽朗地笑了起来。他拿起一支毛笔，伏案挥毫书写了一张条幅，并语重心长地说："告诉你吧，这就是得到神笔的秘诀！只要你掌握了它，什么样的高楼大厦、桥梁、铁路，都会从你的笔下设计出来。"

　　茅以升听后，赶忙去看祖父写的是什么字。啊，"勤奋"！他心里全明白了。从此，他便把"勤奋"二字看成是得到"神笔"的秘诀。

　　茅以升平常话不多，在学习上可有一股倔强劲儿。在江南中等商业学堂的柳翼谋先生的教导和鼓励下，茅以升产生了学习古文的兴趣。他常到祖父藏书的小阁楼里翻阅古书。小阁楼上有一块横匾，上边刻着"一家终日在书楼"。茅以升看见这7个字后，心想，读书人就要终日待在书楼里下苦功夫。

　　有一天，家里人吃晚饭时找不到茅以升了，都很着急，东喊西找也不见人影。夜晚，祖父发现小阁楼里有一丝微弱的光亮，上去一看，以升正躲在小阁楼里聚精会神地读古书呢！祖父没有责备他，反而夸他用功，并说："抽时间我来好好教你。"

　　暑假期间，祖父在屋里放一张长桌，让茅以升站在桌旁学习。他的教授方法很特别，先取一篇王勃的《滕王阁序》，用毛笔抄录一句就讲解一句，待全篇讲完以后，再要求茅以升回去背诵。

　　聪明伶俐的茅以升只用了半天工夫就把文章背得滚瓜烂熟，满以为祖父会赞扬他一番。谁知，祖父板着脸严肃地说："读书务求其通，光会背不行，还要会讲会写。"祖父又说：

"相传王勃幼年念书时间长了，嘴角生了口疮；写文章时间长了，手指磨出了茧子。这样他 15 岁那年才能在南昌赣江边的滕王阁，写下名篇《滕王阁序》。其中，'落霞与孤鹜齐飞，秋水共长天一色'更是成为千古绝句。"

茅以升听了祖父的教导后满脸通红，心中很是惭愧。从此，他每日清晨就到河边背诵古诗文，并且逐句剖析，深入理解。夏天的南京热得出奇，像个大火炉。人们摇着扇子、擦着汗，一天洗上三四次凉水澡也不解热。茅以升却闷在屋里，把背熟的古文抄写了三四遍。过去，他临摹过柳公权的《玄秘塔》帖和王羲之的《兰亭序》帖。为了练腕力、笔力，他在手腕上挂了一串铜钱。他的书法集柳、王二家之长，笔法刚劲有力，字形结构严谨，清秀而不轻浮，活泼而不疏散。

功夫不负有心人。一个暑假后他就能背诵上百首古诗和十几篇古文了。经过这番学习，一个意外的收获是他的记忆力增强了。有一天，祖父抄写《阿房宫赋》，茅以升站在旁边看着。祖父抄一句，茅以升念一句，等祖父抄完后，他竟然从头至尾背诵了出来。祖父惊喜地说："好呀，熟能生巧，巧能生快！"

茅以升在刻苦学习古文的同时，还会抓紧时间学习外语。不久，他的英语已经熟稔，法语也已入门。他读了不少外文书籍，如《莎氏乐府本事》（中英对照）《鲁滨孙漂流记》《远大前程》和考柏的《痴汉骑马歌》等，成了外国文学爱好者。他还喜欢修理钟表、留声机，并以科学实验自娱，这对他后来学习科学技术有很大帮助。

虽然茅以升沉迷于读书，但他并不是弱不禁风的"书呆子"。他少年时代就积极参加体育锻炼，尤其喜欢踢足球。茅以升身体灵活，善于踢前锋，常迂回穿插到对方门前抬脚劲射，破门得分。大家都称赞他是"射门小将"。利用假期，他又学会了骑马，常在南京下关至明孝陵的大道上往来奔驰。他认为，体育运动是养成男子坚毅性格的一个重要方法。

坚持冷水浴，也使他受益匪浅。他每日清晨用冷水洗脸，午后用冷水洗身，以此磨炼自己的意志。坚持冷水浴，使他得以在几十年的科研、著述、社会活动中，保持精力旺盛，身心健康。茅以升在85岁那年仍坚持冷水浴，这引起了日本朋友的关注。日本的杂志还报道了这一帮助老人健体的锻炼方法，称之为"茅氏冷水浴法"。

1905年，孙中山先生联合诸多革命团体，在日本东京创立了中国同盟会（以下简称"同盟会"），同时创办《民报》作为宣传革命的刊物。同盟会在国内发展会员，扩大组织，

1906—1907 年，在湖北、广东、广西先后 6 次发动武装起义，使人民群众的反抗情绪日益高涨。

在风起云涌的革命浪潮中，茅以升大量阅读《民报》《浙江潮》《革命军》《猛回头》等革命书报。这些书报大胆地揭露了清政府的卖国行径，宣传反帝反封建的革命思想，还鼓舞人民以果敢的精神浴血斗争。这在茅以升幼小的心灵里播下了救国救民的种子，使其反抗的精神和决心逐渐萌发。

1908 年 11 月，光绪皇帝、慈禧太后在北京先后"驾崩"，清政府下令全国举行"国哀"。学校接到通知后，命令各班学生每天都要去祭堂"举哀"。

茅以升和裴荣带着大家拥进祭堂，不等先生念完祭文就故作怪声，有的学鸡鸣，有的学狼嚎。先生让他们行礼下跪时，大家东摇西晃、怪相百出，闹得祭堂乱哄哄的。先生没办法，只得一甩袖子走了，同学们也就跟着一哄而散。

谁也想不到，事后不久，茅以升和裴荣就当众把自己的辫子剪掉了！

当时，拖在人们脑后的那条长长的辫子是清政府统治的一个标志。到了晚清，剪辫还是留辫成了一场尖锐的政治斗争。许多革命党人带头把辫子剪掉，以示反抗清政府的决心。可剪

辫子要冒杀头的危险！同学们望着剪掉辫子的茅以升和裴荣，暗暗地替他们捏了一把汗。

事后，学校给茅以升和裴荣各记大过一次，并警告他们，如果再闹事就将他们送官府查办。许多同学对他们说："你们闹祭堂、剪辫子，难道不怕坐牢杀头吗？"

"怕什么！"茅以升说，"我们活着受清政府和洋人的欺压，不如跟他们拼了。宋朝文天祥不是有两句诗说'人生自古谁无死，留取丹心照汗青'吗？"

母亲听说儿子被记过的事，叫来茅以升说："孩子，你做得对，有志气！你父亲参加了江浙联，任第九镇一等书记官。你大哥在日本东京留学时听过孙中山先生的演说，还加入了同盟会。如今你带头剪了辫子，也是一种革命行动。咱们全家老少都是'革命'的呀！"

第二章 | 少年大学生

千里求学

1911 年 7 月，茅以升从江南中等商业学堂毕业。毕业典礼结束后，同学们各奔前程，有的去经商，有的去银行工作。茅以升却在家里静静地思考自己的去向，他在毕业日记中这样写道：

> 我上小学时立志造桥，那时只想在家乡建造一座横跨秦淮河的千古不朽的大石桥。升入中学后，得知中国杰出的爱国工程师詹天佑少年时到美国学习先进科学技术，学成归国之后，在北京到张家口的悬崖绝壁上建成了第一条完全由中国工程技术人员设计、施工的铁路——京张铁路，工程的艰险为世界上所少见。1909 年 10 月 2 日举行盛大通车典礼这一天，连那些原来叫喊"会修京张铁路的中国工程师还没有出世"的外国人，也不得不承认詹天佑的设计"十分完善""施工世界一流"。于是，我思想升华，目光放远：以詹天佑为楷模，出洋留学深造，掌握尖端技术，

立志为国建造新型大桥。千里之行，始于足下。时逢北京清华学堂招收留美预备生，我应当机立断，远离家乡北上投考……

茅以升准备去北京报考清华学堂的留美预备生，母亲当然舍不得儿子远离家乡，千里求学，但又觉得这是孩子一生的大事，便毅然决定支持他去投考。临行前，母亲忙着给他准备衣服、被褥。有些人劝她说："以升才 15 岁，年龄太小，到北京去考大学，你舍得吗？""读书是大事，孩子的前程要紧，好男儿志在四方。"母亲一边缝衣一边回答，"让他去外边经风雨、见世面，多学知识和本领。"

茅以升的母亲名叫韩石渠，是一位深明大义、目光长远的女性。她自幼聪明好学，有胆有识。14 岁那年，她的父亲被人诬告并被捕入狱。许多亲朋好友奋力营救、四处奔走，均未成功。她毅然提笔写状纸为父亲辩护。县官见她写得有理有据、言辞犀利，而自己又无以辩驳，只得将她的父亲释放出狱。

人们无不为之叹服，称之为"缇萦救父"之举。

茅以升对母亲非常敬佩、孝顺。冬天，他在染房外面玩耍，看见墙根下扔着一些没有烧透的煤渣，就捡起来用褂子兜回来，放在母亲的火炉内供她暖足。一年夏天，茅以升放学回家见母亲发烧，卧病在床，便冒着倾盆大雨到外地请来医生给母亲看病。现在，茅以升望着烛光里的母亲正一针一线地为自己缝补衣服，不由得想起了唐朝诗人孟郊的《游子吟》一诗：

慈母手中线，游子身上衣。

临行密密缝，意恐迟迟归。

谁言寸草心，报得三春晖。

茅以升心情激动，热泪夺眶而出。母亲含着眼泪安慰他说："孩子，去吧！别惦念家里。古时候，大禹治水三过家门而不入，终于大功告成。"

1911年7月30日，茅以升离家启程，列车缓缓驶出了车站。"别了，南京！别了，妈妈！"对过去的惆怅和对未来的憧憬交织在茅以升的心中。

"母亲，是您怀抱10个月的儿子在长江上漂流，从镇江搬迁到南京，为儿子开拓了一个良好的学习环境；母亲，是您在家中不幸遇到火灾时，奋不顾身地冒着烈火从燃烧的木架子下抢救出了 6 岁的儿子，以至于面容和身体受到毁伤；母亲，是您在家庭经济困难时，变卖了自己的金银首饰，为儿子筹备投考大学的经费……母亲真诚的爱心和养育之恩，儿子今生今世也报答不尽。"

1940 年，为了祝贺母亲 70 岁生日，茅以升与三弟茅以新共同捐款 2000 元，设立了以母亲名字命名的"石渠奖学金"，专门奖励研究土力学的优秀学员。

1911 年 8 月，茅以升与好友裴荣结伴来到北京。两个小伙伴下车后直奔清华学堂留美预备生考场，不料考试早已完毕并且出榜了。于是他们买了火车票，星夜赶往设在天津的唐山路矿学堂考场。第二天早晨，他们匆忙报名考试，由于平时功课做得扎实，两个人居然都考取了。

旅途中颠簸劳累，加上北方气温低，茅以升得了感冒。他发烧几天后又得了扁桃腺炎。那时还没有青霉素这类特效消炎药。幸好他身体底子好，病慢慢好了。

唐山路矿学堂前身是山海关北洋铁路官学堂，创办于 1896 年。1905 年，学堂在唐山复校。1906 年，应开平矿务局的请求，增设矿科，更名为山海关内外路矿学堂。后因校址已在唐山，1908 年改称唐山路矿学堂。校长赵仕北是孙中山先生的同学，非常重视人才。全校师资水平很高，教学质量很好。

开学典礼那一天，赵仕北校长特意介绍了自建校以来年龄最小的大学生——茅以升。教授们的眼中闪出惊异的光，同学们啧啧赞叹："15 岁！""远离家乡，千里求学，人小志大，真是奇迹……"

礼堂里的赞美之词不绝于耳，茅以升暗暗告诫自己："年纪小不值得赞美，成绩大才值得表彰。若要在全校考上'状元'，尚需付出艰苦努力。书山有路勤为径，学海无涯苦作舟。"

孙中山的鼓励

茅以升刚学习了 3 个月，一则震撼人心的消息就传到了唐山：武昌起义爆发了。这一年是旧历辛亥年，全国范围内的辛亥革命就在这一年发生了。

当革命风暴波及唐山时，学校宣布停课。学生们走出课堂，走出实验室，汇集在操场上，欢呼着："革命了，停课了！"在一片欢呼声中，茅以升的眼眶湿润了，他想起为推翻清政府殉难的秋瑾、徐锡麟、黄花岗七十二烈士……他在密密麻麻满是公式的稿纸上写了一行小字：碧血洒沃土，浇灌胜利花。

学校停课后，茅以升和裴荣取道天津转乘轮船来到上海（当时茅以升全家暂住上海）。

1911 年 12 月初，全国各起义省份的都督府代表集会，决定以南京为临时政府所在地，并推举孙中山为中华民国临时大总统。

每当出现大变动的局面时，人们总要认真思考自己的前途，选择自己的道路。少年茅以升也是如此，在他的一生中，1912 年是一个重要转折点。

这年年初，唐山路矿学堂复课。茅以升的同乡好友裴荣弃学到南京参加了革命军，同窗好友杨杏佛原系同盟会会员，后到南京总统府秘书处任收发组组长。他们都邀请茅以升前往南京投身革命。茅以升受到大革命的熏陶，热血沸腾、豪情满怀地给母亲写信，表明自己投笔从戎的志向。母亲当即回信道：

升儿：

　　来信收到，内情尽知。投笔从戎，志向可赞。但你比裴荣小两岁，比杏佛小三岁，尚未到参军年龄。你更不能与父亲、二叔相比，两位前辈年富力强，投身革命理应如此。再者，你学识甚浅，学无基础，纵有满腔热情也无济于事，要先有学问再去革命……

　　茅以升读信后仍不罢休，又给母亲去函，执意离校从军。母亲再度回信告诫："如离开学校，则不以你为子！"其实，他的内心深处也疑虑重重：母亲的劝告很有道理，但革命的当务之急是需要参军作战的青年，自己在路矿学堂学的是架桥筑路，革命队伍里需要自己这样的人吗？

1912 年 2 月 12 日，宣统皇帝下诏退位，根据临时政府的承诺，孙中山辞去临时大总统职务。1913 年秋天，孙中山先生视察唐山路矿学堂，他在全校师生的掌声中，由赵仕北校长陪同走进礼堂。

茅以升早就对孙中山产生了无限敬意，如今见到伟人，自然欣喜异常。父亲对他讲过，孙中山少年时代便立下救国救民的雄心壮志，从青年时代起，为推翻清政府，在海外奔走呼号，宣传革命，组建同盟会，在国内建立武装力量，多次发动起义。

当时，孙中山先生向全体师生发表了鼓舞人心的演说。他指出，国民革命需要两路大军：一路大军举行起义，建立民众政权；另一路大军则学习世界先进科学技术，改变我国贫穷落后的面貌。在座诸君不必都投身于锋镝之间。我国土地辽阔，资源丰富，有 5000 年的文明史，只是近百年来，由于帝国主义列强侵略，清政府腐败无能，致使我国近代文明的进化，事事皆落人之后。所以我们要万众一心奋起直追，为此办工厂、开矿山、实行大机器生产……凡此种种都离不开交通运输。中国要富强，仅交通开发一项，就要修 10 万英里（约合 16 万千米）铁路、100 万英里（约合 160 万千米）公路。这个规划将写在即将发表的《建国方略》之中。同学们在路矿学堂学习采矿、筑路、造桥，也是为革命，希望大家努力学习，蔚为国用，承担起历史重任。

孙中山先生发表完演说之后，与全体师生合影留念。作为学生代表，茅以升为站在这位伟大的革命先驱身边而感到无上光荣。他当即鼓起勇气向孙中山先生倾诉了自己的志向：在筑路工程中，桥梁一项需要数学和力学知识最多，施工最艰难，技术最复杂，需要有一批架桥勇士去完成重任；他决心再选学桥梁专业，毕业之后出国留学深造，掌握世界上最先进的造桥技术，立志为国建造第一座现代化大桥。

孙中山先生紧握茅以升的手，用力摇了摇，兴奋地说："很好！少年立志，青年成才，学成归国，再展宏图。"

良师益友

唐山路矿学堂有一位德高望重、治学严谨的教授——罗忠忱。他早年毕业于美国康奈尔大学土木工程系，获得土木工程师学位。这位引路良师，对茅以升治学做人及从事桥梁事业产生了深远影响。

罗教授在校负责材料力学、应用力学等基础理论教学。他讲课时，口齿清晰，快慢适度，用词凝练，意味深长，启发性、逻辑性很强。在他的课堂上，学生必须专心致志地听讲，稍不注意就会漏掉重点和难点。

罗教授对学生要求十分严格，经常随机出题考试，在规定时间内必须交卷，否则以 0 分计。计算题答案规定取 3 位有效数字，用计算尺计算只允许第三位数有误差，否则以 0 分计。

一次，茅以升谦恭地向罗教授求教："先生，您要求学生是否太严了？如此求真，学生过于劳累，您会更辛苦。"

罗教授语重心长地说："以升，你立志造桥，学业优良，该知道先生的良苦用心。咱们搞工程设计，数字有错，日后建桥岂不酿成大祸？求学时代就要养成严谨治学的习惯，计算数字非进行强化训练不可，你想想其中的道理是否如此？"

茅以升茅塞顿开："建桥师笔下的数字关系到整体建筑的成败及千万人的生命安全。回想当年，南京秦淮河上文德桥倒塌的事故，皆因建桥师计算出的桥梁安全系数有误啊！"

罗教授将一生都献给了教育事业，如同蜡烛一样点燃自己，照亮他人。他说："我淡薄功名，只求弟子遍天下。智慧才能奉献给学生，则吾生幸矣。"

后来，茅以升在美国获得工学博士学位，罗教授写信请他回唐山母校任教。茅以升与老师朝夕相处，切身感到他为人正直、严于律己，五十年如一日，堪称楷模。

1949 年后，茅以升每赴唐山必定先拜访罗教授，将其视为终身榜样。一次，茅以升得知罗教授因脚病行走不便，就在北京四处打听，终于买到刚刚上市的海绵鞋垫，赠给老师。

罗教授去世后，茅以升献给恩师一副挽联："建侯师座千古：从学为严师，相知如契友，犹记隔海传书，为促归舟虚左待；无意求闻达，有功在树人，此日高山仰止，长怀遗范悼恩深。受业茅以升敬挽。"

严师出高徒，同窗促学业。少年时代的茅以升不仅得益于罗教授引路，也受益于同窗挚友的帮助。

在唐山路矿学堂，茅以升与李乐知（即李俨）结成了好友。

李乐知醉心数学且颇有创见。他们平日往来甚密，学业上互相切磋，常以演算习题为乐事。李乐知勤勉好学，但由于家境贫寒，不得不中途退学。临别时茅以升含泪相送，书赠唐王勃诗集句条幅："海内存知己，天涯若比邻。"后来，李乐知自学成才，任陇海铁路总工程师。他在筑路期间，风餐露宿，备尝艰辛。工作之余，他独自在帐篷里潜心研究数学，经常与茅以升书信往来、研讨学问。茅以升后来写成的两篇关于中外圆周率历史考证的论文，均得到李乐知的帮助与指点。

1955年，李乐知出版了《中国算学史》一书，还发表了一系列有关数学的论文。1963年1月14日，李乐知在北京逝世。他生前留下遗言，将自己50年来自费购买的古代算术书籍全部捐赠给中国科学院。在北京科技界为其举行的追悼会上，茅以升亲自为少年时代的同窗好友致悼词。

每当缅怀乐知好友，茅以升总是无限感慨地说："乐知好友自学成才、锲而不舍的精神，乃后人学习的榜样。"

茅以升晚年总结在唐山路矿学堂求学的体会时说："引路是成功的前奏曲。少年时代，治学——罗教授引路；自学——乐知好友引路。"

两个"第一名"

唐山路矿学堂规定，学生要读 1 年预科、4 年专科。预科班的功课和高中的功课差不多，许多同学认为已学过一遍，没有再学的必要。他们课下打牌、下棋、看戏，松松垮垮地消磨光阴。古人说，温故而知新。茅以升觉得这话很有道理。在复习中他发现，过去有些知识只是知其然而不知其所以然，还有些是囫囵吞枣。现在重读，他感到进入了一个新境界：同是一句话，现在不仅懂了字意，还了解了来源及其影响。他从中悟出一个道理：各门功课表面上好像各自独立，实际上是彼此联系的，可以互相启发。他感觉有一把共同的"钥匙"需要掌握，这便是思维的逻辑性。就这样，茅以升刻苦复习，为进入专科学习新课打下了扎实的基础。

唐山路矿学堂的老师都是用英语讲课的，而且没有正式的课本，每听一节课要翻阅十几本参考书，学生自己整理笔记。

在困难面前，有的同学丧失了主动权，顾上整理笔记，就顾不上复习功课。茅以升却从容不迫，严格执行自己的学习计划。上课时，他专心听课，简明扼要地记下老师讲的重点、难点；下课后，他再参考外文书，根据自己的心得体会整理出当天的笔记。因为每天所学的东西都是新的，所以记错的要改正，记漏的要补上，记乱的要重抄。他的笔记分章节记录，条理分明，犹如教科书一般。时间像小溪似的流淌，5年里，他整理的笔记就多达200本，近千万字，摞起来足有两个人那么高！

唐山路矿学堂的考试相当频繁，有小考、月考、学期考、学年考。特别是小考，从不预告，有时一上午要考4门功课。

学生们要想取得优异的成绩，不经常复习是不行的。茅以升制订了一个学习计划表：每天先整理好当天的笔记，然后复习旧课，预习新课。他每完成1个小时的学习计划，会休息5分钟。如果时间到了还没有做完，就暂时放下，按计划完成其他功课，在规定时间内没有完成的，再另找时间补上。他把学习、锻炼、休息安排得有条不紊。日久天长，他便养成了良好的学习习惯。

为了丰富自己的知识，茅以升从祖父的书房里找出许多课外参考书，深入研究所学的功课。有一回，他在一本有关数学史的参考书中，发现有不少地方论述到了圆周率。有不少数学家为了求证圆周率的精确数值，计算到了小数点后面几十位、几百位。有一篇文章把圆周率的小数点后100位数都写了出来。他想，用它来锻炼记忆力该是多么有趣呀！于是，他便和这一

3.14159265358979323846426
50288419716939937510582097494494
62803482534211706799
5923078164062862

连串的数字交上了朋友。最初，他只能背到小数点后 32 位数，之后又进一步努力，在较短的时间里，把小数点后 100 位数都熟练地背了下来，并经久不忘。

在一次新年晚会上，师生们一起欢度新春佳节，大家都表演了自己拿手的节目。茅以升健步走上讲台，风趣地说："我既不会弹琴，也不会跳舞，我给大家背背圆周率吧！"说完，他用清晰的语调，畅如流水般把圆周率的小数点后 100 位数准确无误地背了出来。茅以升表演的特别节目，一下子把师生们惊呆了，接着，掌声与赞叹声汇成一片。大家围上去向他询问、求教，希望知道他是怎样锻炼记忆力的。茅以升谦虚地说："按人的记忆规律，需要重复 10 次才能记住，我不过是多重复几次，甚至重复 20 次。背诵圆周率也是一种锻炼。"

茅以升的话像磁石般吸引着同学们，他们在回宿舍的路上还兴致勃勃地模仿茅以升的样子，背诵着 3.1415926……本来是一串枯燥无味的数字，这时候却像一个个跳跃的音符，扣动着同学们的心弦。

90 岁那年，茅以升仍然能像学生时代那样把圆周率的小数点后 100 位数准确无误地背诵出来。

1916 年，茅以升就要毕业了。这年岁末，白茫茫的大雪覆盖了这座北方煤城——唐山。除夕，唐山路矿学堂（此时已更名为唐山工业专门学校）的一间学生宿舍透出一线微弱的灯光，这是茅以升在挑灯夜读。

"每逢佳节倍思亲"，茅以升在夜读之余怎能不怀念远方的亲人呢？他不时从怀里拿出祖父、父亲和母亲的书信及照片看看。现在，为了迎接 7 月的毕业考试，他克制着思念之情，全神贯注地温习功课。

屋里的炉子由于主人没有留意而熄灭了。室内的温度渐渐地降低了，凛冽的寒风凶猛地向屋里袭来。茅以升并未察觉，他正聚精会神地演算着一道微积分难题。桌案上堆满了稿纸，当他顺手拿起桌上的茶杯想喝口水时，才发现水已凝成了冰。子夜时分，难题终于解开了，茅以升站起来走到窗前。窗外，冰天雪地，寒风呼啸，然而他却感到有一股热流涌到心里，因为他领略到了作为拓荒人和收获者的自豪与幸福。

"宝剑锋从磨砺出，梅花香自苦寒来。"1916 年 7 月，北洋政府教育部在全国评选教学成绩优秀的工科大学，唐山路矿学堂获得了第一名。在这所排名第一的大学里，茅以升毕业考试名列榜首。他不仅做完了试卷上的必做题，而且把选答题也完成了。老师破格给了他 120 分。这张 120 分的试卷被学校珍藏下来。后来，唐山工学院（即前唐山路矿学堂）庆祝建校50 周年时，展出了这份试卷。

　　茅以升毕业后，正赶上清华学堂向全国招收留美官费研究生。全国各地报考的学生很多，然而名额有限，仅招收 10 名，考题的难度可想而知。茅以升也报名参加了考试。考试结束后，许多人摇头叹气地说："考题太难，录取无望了。"茅以升却认为，不出难题又怎能考出水平呢？

　　一天，邮递员给他送来一封信，茅以升接过来一看，是清华学堂寄来的。他很激动，拿着信的手有些发抖，几乎拆不开信封。家里人帮他拆开信，高兴地念道："考试成绩第一名，录取为清华学堂留美官费研究生。"茅以升抢过信，寥寥数字，他一连读了好几遍。他热血沸腾，这张薄薄的纸告诉茅以升：新的治学道路开始了。

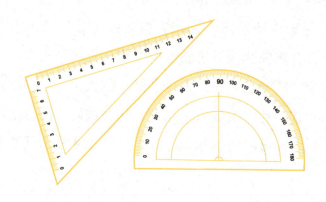

第三章 | 留学美国的骄子

大学城明星

1916年9月，20岁的茅以升与9名风华正茂的青年登上"中华号"远洋客轮，横渡太平洋去美国留学。

轮船行驶了14天后，在美国夏威夷州的最大港口——檀香山（即火奴鲁鲁）靠岸暂停。茅以升与学友们趁机上岸观光游览。

檀香山为夏威夷州首府，地处太平洋中心，是从美国西岸去澳大利亚以及从巴拿马运河到远东的船舶航海线和飞机航空线的必经之地，有"太平洋的十字路口"之称，战略地位十分重要。檀香山西面的珍珠港是美国重要的海军、空军基地，也是美国太平洋舰队司令部所在地。

檀香山风景如画，气候宜人。当地盛产菠萝蜜，人们将蜜汁当水饮。人们用红枣穿成项圈挂在脖子上以示吉祥如意。处于市中心的依拉奥尼皇宫吸引着大量游客，这是美国唯一的皇宫。1879年，夏威夷国王在王后45岁生日时，动工建造了这座意大利文艺复兴时期风格的建筑。

这里也是孙中山少年时期求学和青年时期革命的地方。茅以升一行10人，怀着崇敬与景仰的心情，拜访了孙中山先生的母校——约拉尼学校。

触景生情，有感而发，茅以升回忆起孙中山先生当年在唐山的演说与教诲："国民革命需要两路大军：一路大军举行起义，建立民众政权；另一路大军则学习世界先进科学技术，改变我国贫穷落后的面貌……"想到这里，他深感这次赴美留学重任在身，决定努力向学，坚定迈好"科技救国"的第一步。

"中华号"远洋客轮从檀香山启程7天后到达终点站——美国西部沿海城市旧金山。

旧金山是美国西部仅次于洛杉矶的第二大城市，是西部的金融中心，也是对远东贸易的重要港口。旧金山原名圣弗朗西斯科，属美国加利福尼亚州。

19世纪40年代，加利福尼亚州发现金矿，众多华侨漂洋过海到此谋生，称这座城市为"金山"。后来，因为澳大利亚的墨尔本发现了大金矿，被称为"新金山"，圣弗朗西斯科便被华人改称为"旧金山"。

茅以升与学友登岸后参观了华人居住区——唐人街，只见大街两旁的房屋红檐绿瓦，门前挂着中式对联，许多商店的招牌都是用中文书写的，他们仿佛回到了故国。

与学友合影留念后，茅以升说："为什么叫唐人街？原来我们中国在唐代国家强盛、民族兴旺，名声远传海外，世界各国把中国人称为唐人，海外华侨也自称为唐人。我名叫以升，字唐臣，唐即中国，臣即人民，唐臣即中国人。如今祖国贫弱多难，亟待仁人志士救国救民。我们留美求学勿忘为国争光，学成之后切莫将知识化为己有，应该全部奉献给中华。"

告别旧金山唐人街，学友们分赴各校攻读学位。茅以升乘火车来到美国东部的伊萨卡城——康奈尔大学所在地。城内居民从事的行业大多都是为本市的康奈尔大学提供服务的。

康奈尔大学坐落在卡尤加湖畔，校园依山傍水，风景秀丽。中秋时节，经霜的枫叶染红了连绵的山岭，远远望去像一片片晚霞。山崖上，一条条瀑布飞流直下，溅起簇簇浪花，给山脚蒙上团团水雾，让来到这里的人们感到清新而恬静。

校园里耸立着一座尖顶绿瓦的钟楼。以钟楼为中心向四面八方伸展的鹅卵石小路，通向宿舍、礼堂、教室。道路两旁花木茂盛，草坪碧绿，营造了一个幽静而舒适的学习环境。

康奈尔大学是世界知名的学府，有来自各国的留学生。茅以升来到康奈尔大学，一个熟悉的面容映入眼帘："啊！杨杏佛，唐山路矿学堂的同班同学。"

"杏佛，你不是离开唐山路矿学堂去南京临时政府参加革命了吗？"茅以升喜出望外地问道，"真想不到你也来美国求学了。"

"以升，我也想不到能他乡遇故知，老友喜相逢。"杨杏佛紧紧握住茅以升的手说，"自从1912年元月去南京临时政府秘书处参加革命后，在孙中山先生的指示和帮助下，我于同年11月赴美留学攻读机械专业。孙中山先生多次讲过，要改变中国贫穷落后的面貌，就要实行大机器生产。为了培养本国的机械人才，需要派遣留学生赴欧美国家学习先进的科学技术。"

"杏佛，我们相期共勉，携手进步！"

"以升，在伊萨卡城，我与竺可桢、任鸿隽、胡明夏、章元善、赵元任、周仁、秉志诸君，共同发起组织了一个自然科学团体——中国科学社，每月出版《科学》杂志，欢迎你入社并撰稿。"

"谢谢仁兄提携，我将尽力而为，多做实事。"

茅以升刚刚迈入校门时，教授们都用怀疑的目光看着这位从中国唐山路矿学堂来的"Mr. 茅"。注册报到处主任对茅以升说："我从来没听说过唐山路矿学堂。学生来校报名前，须经考试合格才能注册，你考试合格吗？"

出乎教授们的意料，这位中国留学生的考试成绩比美国最优秀的学生还好，这使他们大为惊讶和赞叹。最后，茅以升顺利注册为桥梁专业的研究生。

桥梁系主任贾柯贝教授是美国工程界著名专家，著作甚多，所著《结构学》等书被美国各大学的土木工程系作为通用教科书。贾柯贝教授对茅以升非常器重，不但将所著图书送给茅以升阅读，还亲自为他讲解疑难问题。

有一次，贾柯贝教授邀请茅以升到家里做客，讲解完疑难问题后，他说："中国有句古语'青出于蓝而胜于蓝'，读我的书千万不要死记硬背，要从中汲取精华，有所创造。"

茅以升牢记他的教诲，仅用一年时间就取得了硕士学位。举行毕业典礼那天，校长把他亲笔签名的硕士文凭发给茅以升，并当场宣布："今后凡是从唐山路矿学堂毕业来康奈尔读研究生的，可以免试入学。"

贾柯贝教授向茅以升表示祝贺，并说："你搞桥梁，光靠理论还不行，一定要有实际经验。我领导桥梁系教学，规定桥梁系硕士拿到文凭后，要去桥梁公司学习绘图、设计、金工、木工、油工等全部造桥技术。"

茅以升听后点点头，内心十分认同贾柯贝教授的教育思想。

自从茅以升开拓免试入学之路后，几十年来"唐校"学生源源不断地赴"康校"求学，而"唐校"也实施了"康校"理论联系实际的教学方法，故"唐校"有"东方康奈尔"的美称。

1917 年 4 月，中国科学社的月刊《科学》杂志发表了茅以升的文章《中国圆周率略史》。全文饱含强烈的爱国主义精神和中华民族的自豪感，通过讲述我国古代数学家对圆周率的计算与探索，阐明了我们的祖先对世界科技文化的贡献。文章进行了详细的考证：远在公元前 100 年的《周髀算经》中就记载有"周三经一"；东汉张衡发现 $\pi = \sqrt{10}$，比印度学者早约 500 年；到了南齐时期，祖冲之发现了"约率"和"密率"，"约率"与希腊阿基米德发现的一样，而"密率"比欧洲学者早约 1000 年。另外，祖冲之是世界上把圆周率计算到小数点后 7 位的第一人。

这些古人做出的成绩是多么振奋人心啊！无怪乎茅以升感慨，在世界上，圆周率很早就被中国人计算出来了，可惜我国的科学技术由于封建专制统治的压制，得不到很好的发展。

1917 年，茅以升、罗英、陈体诚在伊萨卡城组织的中国工程学会及其月刊《工程学报》，与中国科学社及其会刊《科学》交相辉映，这两个科学团体还经常联合开会。

　　美国工程界和教育界一些对中国人民友好的权威人士，盛赞两个科学团体汇集了中国的科学精英——他们必将像一颗颗璀璨的明星，闪耀在中国近代科学的史册上。

拉着两部车跑

1917 年 7 月，贾柯贝教授介绍茅以升到匹兹堡桥梁公司实习。

匹兹堡是美国工业的发祥地，位于阿利根尼河、莫农加希拉河与俄亥俄河的交汇处，水道西连伊利湖。19 世纪后半期，该地冶金工业兴起，成为美国的钢铁工业中心之一。此外，它的矿山机械、电工器材、石油加工、焦炼化学、金属加工等工业也在美国占有重要地位。

该市工厂密集，烟囱林立，"烟城"成为其代名词。居民住宅多数建在清静的郊区。茅以升听说该城附近的威金斯堡最为清静，于是就到那里找房子。大街上，有一家门口悬挂着"招租"的牌子，茅以升叩门之后，一位和气的老太太出来迎接。她把茅以升安排在二楼一间宽敞明亮的房间里，还答应包下他每月的伙食。房东一家人对这位中国留学生十分友好，还尽量给他做美味可口的中式饭菜。茅以升在桥梁公司实习，每天早晨 5 点起床，老太太和女儿也跟着早起为他准备早饭。天长日久，他们建立了深厚的感情。后来房东迁居到斯威斯韦尔，茅以升也跟着搬了过去，直到离开美国也没有换房东。

匹兹堡桥梁公司的实习生活是异常紧张和劳累的。茅以升在那里学习绘图、设计、金工、木工、油工等全部造桥技术。他凭借自己扎实的理论知识，很快就掌握了绘图技术。可是，当他穿着满身油污的工作服，到构件工厂和装配工地学习做工，就显得吃力很多。

整天跟着工人制作桥梁构件、打铆钉、刷油漆，茅以升时常感到不好意思，放不下硕士的架子，有时他还会耳根发烧、心跳急促，甚至手足无措。

一天，茅以升在工地上看到一个美国工人正吃力地用电钻凿混凝土，就问："你很累吧？"那位工人说："刚来工地做工是很累，干一段时间就好了。"两人攀谈起来。这位美国工人从混凝土讲到桥梁结构理论，看得出他的专业造诣很深，水平很高。茅以升询问了他的身世，才知道他是一所知名大学的毕业生。茅以升惊奇地问："你为什么来做工呢？"那位大学生说："我原来是借钱读书的，毕业后要做几年工还清债务，再去大学里当助教、搞科研。在美国，有很多像我这样的人，大家都不认为当工人难堪，认为做工既能挣钱又是实习，一举两得。"茅以升听后深受启发，觉得自己的思想落后了。这件小事使他增强了实习的勇气和信心。

　　在实习中，他察觉到自己还需要进一步提升桥梁力学的理论知识。正巧，匹兹堡卡耐基理工学院（今卡内基梅隆大学）桥梁系招收夜校学生，学生可攻读工学博士学位。茅以升便去投考了。从此，紧张的实习和繁重的学习开始了。

　　读博士学位先要读完主科和两门副科。茅以升选桥梁为主科，高等数学为第一副科，科学管理为第二副科。语言课除英语外，还要选一门第二外语，他选了法语。更重要的是，毕业时必须写出一篇高水平的博士论文。

　　卡耐基理工学院成立较晚，茅以升是第一个申请其工科博士学位的人，因此，他得到学校桥梁系教授的全力支持和帮助。高等数学这门课就是特意为他一人开设的，教授说："为你一个人，我备课和讲课所费的时间，比上几十个人的课还要多。"茅以升听了很受感动，决定不辜负教授的一片苦心。

　　时间对于这位20多岁的年轻人来说比金子还要珍贵，他争分夺秒地埋头苦干。有人开玩笑，说茅以升简直像个机器人，时刻不停地忙碌着。上夜校既给他带来了希望和快乐，也带来了沉重的负担。他本来已经拉着在桥梁公司实习这部沉重的车，现在又套上夜校这部车，好似一匹马拉着两部车跑。

　　这是奇迹，是人的智慧、毅力和精力发挥到极致的奇迹。

　　早晨5点，桌上的闹钟把这位年轻人从床上叫醒。他匆忙吃完早饭，便跑步去车站乘火车赶往桥梁公司。车厢成了学外语的课堂，他嘴念、耳听、眼看、手写、心记，五个器官并用，至于嘈杂的喊叫声、车轮碰击铁轨的轰轰响声，都干扰不到他。

　　在工地，休息的钟声响起，他放下锤子，从口袋里掏出本子和钢笔，开始做夜校的功课。吃饭时，他不得不改变右手拿勺的习惯，用左手拿勺，右手拿笔，随时记录想好的数学和物理习题的解法。深夜，他躺在床上也不安宁，嘴里还嘟嘟囔囔地说着什么。他经常坐起来，拉开灯，拿起放在床头的纸和笔，写下数字、公式和奇妙的符号。他把一张张纸钉在墙上，需要解决哪个问题就把那张纸摘下来瞧瞧。

　　"天哪，简直是在开展览会！"房东太太打扫卫生时惊讶地叫道。她真不知道这位留学生要干什么。茅以升急忙对她说："房东太太，您什么地方都可以打扫，就是千万别动墙上的纸，它们有大用处呢！"转眼到了1918年12月，这个走在时间前面的人修满了各科学分，比学校规定的学习时间提前了一年。下一步便是撰写博士论文。因为研究工作要聚精会神，学习和实习日夜兼顾就办不到了。他考虑再三，决定辞去桥梁公司的实习工作，专攻博士论文。

异常紧张的学习和实习兼顾的生活暂时告一段落，茅以升需要参加一些户外活动来消除脑力劳动带给他的极度疲劳。他利用短暂的休息时间在美国进行了一番旅游和考察。他参观了华盛顿纪念碑、白宫、国会大厦、自由女神像……他最感兴趣的是尼亚加拉瀑布，为此还撰写了一篇精彩的短小游记，文中写道：

> 我是个搞科学的人，除了游览之外，职业的本能使我又关心水利资源的开发利用。据了解，早在 1881 年，当地人就开始利用瀑布河段的水力发电。1895 年建立的亚当斯水电站，是当时北美最大的发电站。随后，美、加两国在尼亚加拉大瀑布上修建了一系列水电站。
>
> 我在赞叹当地人民开发利用尼亚加拉大瀑布之余，不禁想起了大自然赋予我们祖国的水利资源：那奔腾的黄河，汹涌澎湃，势不可挡；那滚滚的长江，奔流不息，一泻千里。可是几十年来，不曾见长江黄河水利资源的开发利用，只见江河泛滥，水域成灾。多少人望洋兴叹，眼见江水浩

浩荡荡，付之东流。

如今，我们文明古国已迈入 20 世纪，充分利用水利资源使之变害为利，迫切需要科学。岂止是开发水利，就是采矿、筑路、架桥……无一不需要科学。中国富强的希望就寄托在我们青年的身上，"天下兴亡，匹夫有责"。我们要有满腔热血、无穷力量，更需要把握科学技术。用科学来救国吧！空发议论是解决不了中国的实际问题的。

"茅氏定律"

1919 年 1 月，英、美、法等 20 多个国家的代表在巴黎近郊的凡尔赛宫召开了缔结和约的会议，这就是"巴黎和会"。中国政府也派代表参加了会议。由于英、美、法三大国操纵了大会，中国政府代表虽然以战胜国代表的身份参加，却受到了战败国的待遇。消息传到国内，激起了中国人民的巨大愤怒。

这期间，正在专心写博士论文的茅以升，听到消息后，也按捺不住心中的义愤，他扔下笔，走出安静的书房，组织留学生运动。

茅以升是匹兹堡中国留学生会副会长。为了扩大影响，他亲自执笔，代表学生在报上发表文章，抗议巴黎和会的无理决定，声援国内人民的斗争。4 月 30 日晚，卡耐基音乐厅举办了名为"中国夜"的宣传晚会。晚会有 1500 人参加，茅以升为大会主席。第二天，匹兹堡各大报纸都登载了"中国夜"的消息并发表了支持中国留学生正义行动的评论。4 天以后，国内爆发"五四运动"。北京学生举行游行示威，但游行队伍遭到北洋军阀政府的野蛮镇压，于是全国各地学生群起响应北京学生的反帝爱国斗争。

　　6月3日以后，运动从主要是青年学生参加，发展为以工人为主的全国范围的反帝爱国斗争。工人的罢工斗争，沉重地打击了军阀政府，激起了各阶层人民斗争的勇气，运动最终获得了胜利。

　　"五四运动"胜利的消息极大地鼓舞了在美国的中国留学生。同年11月，匹兹堡中国留学生会又举办了一次"中国夜"晚会。茅以升编写了话剧《虹》，主题是号召人民紧密团结，支持国内人民的斗争，争取国际和平。剧本脱稿后，他请卡耐基艺术学院的教师修改并导演。这出话剧在晚会上演出后，获得了巨大成功。

　　茅以升参加学生运动和写博士论文是同时进行的。这一年，他日夜研究桥梁"第二应力"，准备写入博士论文中。这属于结构力学的问题，在建筑和桥梁工程方面有重大意义。可是，

意想不到的困难接踵而来。8月，他的官费留学期满，中国政府不再给他发生活和学习费用了，他只好依靠在桥梁公司实习时挣的一点儿钱来维持生活。与此同时，祖父已经去世两年，父亲因国内局势动荡职业没有保障，妻子带着孩子，每月只有20元生活费。茅以升无钱补贴家用，他为此焦虑不安。

　　茅以升于1912年结婚，赴美留学前已育有一子。妻子来信劝茅以升不要惦念家里，在美国安心学习，集中精力写好博士论文，家里的困难由她自己想办法克服。茅以升见信后深受感动，他节衣缩食，更加勤奋地学习。

茅以升把生活费降到最低。他的衣服大多是从上海动身时用清华学堂发的制服费买的，现已无力再购置新衣服，参加学术会及宴会时，他只能向别人借用。

那时美国理发馆流行"三部曲"：上边理发，中间剪指甲，下边擦皮鞋，同时进行。为了省钱，他只理发，其他两项一概谢绝。外出办事耽误了吃午饭，他只能饿着肚子回住所，因为没有钱去饭馆吃饭。求学生活的贫穷，并没有消磨掉他的意志。他不自怨自艾，也不乞求怜悯。他在给一位同学的信中这样写道：

> 我没有富贵的亲戚，也没有有权势的朋友，什么靠山都没有，我只有用一双勤劳的手，去和贫困做斗争。为了桥梁力学研究，我情愿过一辈子贫困的生活……

茅以升把痛苦咽到肚子里，化作微笑和幽默。他对房东太太说："到美国来，我的钱和知识成反比例，钱越来越少，知识却越来越多。"

善良的房东太太看到茅以升原本圆圆的双颊渐渐地瘪下去，心里有说不出的难过。好几次，她把茅以升交来的食宿费又悄悄地放了回去。

历史上取得伟大成就的科学家，在青年时代大多经历过艰苦的生活。茅以升也不例外。在他的房间里，书桌上、椅子上、床上到处都堆满了书。读书，读书，直到读得头昏眼花，他才到水龙头前用冷水冲冲头。至于吃饭，干脆三顿并作两顿吃，因为他感到头脑比肚子更饥饿。

屋子里的书是远远不够读的，于是他常常去图书馆。有一次，他躲在图书馆的一角，看书看得入了神，闭馆铃声响过了还不知道，也没有人发觉，最后他竟然被管理员锁在屋子里。

他研究问题有一种打破砂锅问到底的精神。有一天下着倾盆大雨，茅以升迫不及待地想搞清楚一个桥梁力学问题，便匆忙把手稿揣到怀里，连雨衣都忘了穿，直奔桥梁系教授麦克罗的家。麦克罗教授睁大眼睛，惊奇地望着这位勤学好问的小伙子，只见他的头发、衣服全湿透了，拿出来的手稿却是干的，纸上没有一点儿雨水的痕迹。麦克罗给了他一身干净衣服，耐心地给他讲解疑难问题。问题搞清楚后，茅以升的眼睛里闪烁着喜悦的光芒，忙站起来说："谢谢教授，我还要回去再复习一下。""不能走，外边还下着雨！""教授先生，我得抓紧时间！"麦克罗望着茅以升的背影，摇摇头，摊开双手说："唉，刚换上的衣服又要淋湿了！"

有志者，事竟成。这年12月，茅以升的博士论文终于完成了！论文的题目是《框架结构的次应力》，全文长达30万字。卡耐基理工学院审查之后同意茅以升参加答辩。学院主考官、桥梁系教授及理工科教授都来到了考场，他们提出一个又一个难题，都没有难倒茅以升。最后，教授们一致通过了他的答辩，并认为他的博士论文达到了当时世界先进水平。该论文提出的一些科学创见被称为"茅氏定律"。

论文一经发表，立刻引起土木工程界的强烈反响。贾柯贝教授给予了高度评价，一些知名科学家也写文章赞扬茅以升的研究成果。匹兹堡各大报纸登载了这些信息。许多看不起中国人的美国学生，在茅以升面前变得沉默起来。说实在的，他们觉得自己和这位来自中国的博士站在一起，反而有点儿相形见绌了。

直到1936年，卡耐基理工学院还没有第二个工学博士出现。有人问茅以升："考取博士学位按规定需要两年时间，你只用了一年，'秘诀'是什么？"茅以升回答："'秘诀'在于我实习时上了夜校，在夜校里读完了博士学位的课程，省了一年时间。但更重要的是靠勤奋。正如爱迪生所说，天才是99%的汗水加上1%的灵感。"

贾柯贝教授将茅以升的博士论文推荐给康奈尔大学，学校奖给茅以升一枚"斐蒂士"金质奖章。（斐蒂士原是美国康奈尔大学土木工程系主任，他捐款作为奖金，每年颁发一枚奖章，用以奖励那些在土木工程研究领域卓有成绩的研究生。）

贾柯贝教授与茅以升一直都保持着深厚的师生情谊。1923年，他即将退休，便将自己珍藏的美国土木工程师学会的全部会刊，连同放置期刊的精美书橱，通过正在南京国立东南大学（今东南大学）任工科主任的茅以升，全部赠送给该校的图书馆。

1919年12月14日，茅以升三年的留学生活结束了。

启程回国这一天，茅以升将自己喜爱的一座留声机及50张唱片都送给房东一家，双方握手告别时都流露出依依不舍的神情。

后来，茅以升经常给他们寄贺年卡。1979年，83岁的茅老访问美国时还特地到匹兹堡去看望房东一家，可惜他们已经搬走了。

1919年12月18日，茅以升乘火车横越北美大陆到达加拿大西部沿海城市温哥华。19 日，他登上"皇后号"远洋轮船，航行 18 天，于 1920 年 1 月 5 日到达中国上海。

　　像久旱的禾苗得到了雨露的滋润，像阔别母亲多年的孩子扑进了母亲的怀抱，茅以升怀着"我的事业在中国"的激情，踏上了祖国的大地。

学成归国

归国后，茅以升从上海回到南京。亲人相逢，朋友相见。亲友们向他送上一束束鲜花表示祝贺。

"欢迎您，茅博士！"

"祝贺您，为祖国争得荣誉。"

"谢谢各位！谢谢各位！"茅以升兴奋得满脸通红。

"爸爸！爸爸！"茅以升转身一看，啊，是大儿子茅于越在呼唤自己。他忙把鲜花交给夫人，抱起儿子在他的脸上亲了又亲，热泪扑簌簌地流了下来。于越出生的时候，茅以升正在唐山求学。儿子1岁时，他又去了美国留学。光阴似箭，转眼3年过去了。这时听到儿子的呼唤，他怎能不落泪呢？于越睁大眼睛，望着陌生的爸爸，天真地问："爸爸还走吗？""爸爸不走了，真的不走了。"

1920年，24岁的教授茅以升带着革新的思想走上唐山工业专门学校（原唐山路矿学堂，次年更名为交通大学唐山学校）的讲台。他主要讲授结构力学、土力学、桥梁设计、桥梁基础等课程。

那时候，茅以升还担任学校副主任（副校长）。主任因病

长休，委托他全权处理一切校务。这就给了茅以升改革校内陈规陋习的好机会。他要向旧的教学方法挑战了。

茅以升的教学方法与众不同——用"学生考先生"的方法来考学生。每节课前 10 分钟，茅以升会先指定一名学生，让他就前次学习的课程提出一个疑难问题让先生回答。从问题的深浅，便可得知他是否做过深入探索。如果他提出的问题令先生不能当堂回答出来，则给满分；如果他实在提不出问题，则由另一名学生提问，让他作答。

茅以升的这种教学方法属于启发式教学，他摒弃了填鸭式教学方法。1922 年，茅以升在国立东南大学任工科主任时，又实行"学分制"，让学生得以自由选课。结果，选茅以升课的学生超过了 100 人，创造了该校的纪录。茅以升讲课生动有趣，不但受本系本年级的学生欢迎，还吸引了本系一年级的学生来听课，教室常挤得满满当当的。著名教育家陶行知先生还亲自带领教育系的学生来听茅以升的课，他深有感触地说："这的确是个崭新的教学方法，是教学上的革命，开创了我国教育事业上的一个先例。"

尽管旧习惯十分顽固，但是这位年轻的教授并没有在教育改革的道路上止步。茅以升的新思想像一股喷泉，不断涌现。他在教桥梁设计课时，实行开卷考试，考试的内容就是让学生到实际中考察桥梁，并用两个月时间做出桥梁设计方案。

学生们认为这种考试是最难的，也是最有意义的，因为桥梁设计需要综合运用学过的知识。

教学要从实际出发，要使学生灵活掌握所学知识，是这位年轻教授的一贯主张。他曾经说过："教授只满足于让学生背定律做习题，是一种极不负责的表现，是毁灭学生才智的做法。"

1926年，30岁的茅以升开始了对教学改革的探索工作，主张推行"习而学"的工程教育。

茅以升认为工科教学要理论联系实际，提倡"先习后学，边习边学，既习又学"的新教育程序；科研、教学和生产互相结合，交叉进行；学生由"受体"变为"主体"，教师的职责不仅是授业，更重要的是培养学生在实践中自立学习、自立研究的习惯与能力。

他主张，大学桥梁专业1年级新生先去桥梁工地学习测量、地质、工程材料等课程，然后学习与桥梁直接相关的课程，如结构学、基础学、河工学，并到工地现场实习木桥、钢桥、钢筋混凝土桥的施力方法。大学2年级学生则学习设计规范，甚至到工地上当助理技师，由熟练的工程师在现场施工中指导其设计方案。大学3年级学生再学习基本理论，如工程力学、材料力学、土壤力学、水力学、电机、机械、冶金等课程。这些学生还可直接到工地当助理工务员。大学 4 年级学生在校学习基本科学，如微积分、物理、化学、机动学、高等数学、经济学，并在实验室里做材料、水力、机械、电机实验。学生毕业后正式任桥梁工务员，根据实际能力评判是否晋升为工程师。

茅以升经常风趣地对学生说："没有一个学游泳的是先看怎样游泳，再去下水练习；没有一个作家是先看怎样当作家，再去搞文学创作。他们都是在游泳中学会游泳，在写作中学会写作。但是，没有科学理论的指导，游泳者也难以创造世界纪录，作家也难以成为世界文豪。我们在有实践经验的基础上，还要专门研究理论，以提高自己的水平，发展事业。这就是实践—理论—再实践—再理论……如此循环往复。"

然而，对茅以升的这种大破大立的教学改革，在那守旧势力十分顽固的校园里，虽然赞同者大有人在，却终究无人尝试。

1935 年，茅以升主持设计修建钱塘江大桥，历史赐予他利用大桥施工进行教学改革的良机。

修建钱塘江大桥所用的钢材，均附有出厂时各项性能指标数据的合格证，但茅以升不会盲从，总是再次取样进行性能试验，以资校核。他把试验工作委托给交通大学唐山工程学院（原唐山路矿学堂）。学生们兴致勃勃地参加了试验。由于试件的尺寸太大，实验室的检测仪器无法使用，学生们只好自己设计加工附件，才把这项任务完成了。这样做提高了试验难度，但增长了学生们的才干。

暑假期间，茅以升通知清华大学土木工程系的学生来大桥工地实习。他热情地接待学生并给他们讲解和辅导，还分派题目，让学生在实习后写心得，提出在设计和施工时遇到的问题。当时，正值大桥基础部分进入施工关键阶段。茅以升指导学生在沉箱工地按图纸检查放样尺寸，核对钢筋绑扎的大小尺寸、间距、牢度等。同时，他派专人辅导学生参加安放江底沉箱的全部工作。他甚至还允许学生进入加压的沉箱内，切身了解进入时加压和出来时减压的感受。

茅以升创办的"临时桥梁大学"卓有成效，这批实习生在日后修建武汉长江大桥、南京长江大桥、云南长虹大桥和郑州黄河大桥时，都做出了杰出贡献。

第四章 | 钱塘江造桥

神圣的使命

　　1933 年 3 月，37 岁的茅以升正在天津的北洋工学院（今天津大学）教书，任院长兼教授，忽然接到时任杭州浙赣铁路局局长杜镇远发来的电报和长函，要他立即前往杭州共商筹建钱塘江大桥之事。杜镇远是茅以升在唐山路矿学堂的同学，多年来过从甚密，所以来函直截了当："浙赣铁路已由杭州通至玉山，一两年后就可通到南昌。全省公路已达 3000 千米，正向邻近各省连接。无如钱塘江一水，将浙省分成东西，铁路、公路无法贯通，不但一省的交通受了限制，而且对全国国防与经济文化也大有妨碍。建设（厅）厅长曾养甫想推动各方，在钱塘江上兴建大桥。现在时机成熟，拟将此重任，寄诸足下，务望即日来杭，面商一切……"

　　随后，茅以升又接到浙江省公路局局长陈体诚（茅以升留美时期的同学）的来信，信中尽力劝说："我国铁路桥梁，过去都是外国人包办的，现在我们自己有造桥的机会，千万不可错过！"

　　看罢电报与来函，茅以升异常兴奋，心想，我本是学桥梁的，为人民造桥是我的夙愿，可是留美回国后，自己除了在 1920 年担任过修建南京下关惠民桥的工程顾问，1928 年参加过济南黄河大桥的修理工程外，竟无机会参加造桥工作。现在居然有人要我去造桥，而且是去建造钱塘江大桥，这怎么能叫我不动心呢？

自从 1840 年鸦片战争以后，帝国主义者闯入中国，锦绣河山被任意践踏，丰富的宝藏被肆意掠夺。为了抢掠财富，他们把持着铁路和桥梁的修建大权。贫弱的中国桥梁事业史上，留下了一项项痛心的记录：济南黄河铁路大桥，是德国人建的；郑州黄河大桥，是法国人与比利时人合建的；蚌埠淮河大桥，是英国人建的；哈尔滨松花江大桥，是俄国人建的；沈阳浑河桥，是日本人建的；云南河口人字桥（今五家寨铁路桥），是法国人建的；珠江大桥，是美国人建的……难道中国人自己真的不能建造大桥吗？不是的！在中国广阔的国土上，曾有千百座中国人自己架设的桥梁。著名的赵州桥，就是隋朝的李春和他的同代匠师们精心设计兴建的，历经 1300 多年，至今仍巍然屹立在河水中。赵州桥的出现，在石拱桥的建造史上，比欧洲早了 900 多年！我们中华民族的子孙，一定能让现代化大桥飞越天堑，拆穿外国污蔑我们不能造钢铁大桥的谎言，让全世界都看看我们的智慧和力量！

于是，茅以升鼓足勇气，风尘仆仆来到杭州，会见了时任浙江省建设厅厅长的曾养甫。曾厅长正患感冒，在病榻上陈述了自己的想法："钱塘江上造桥，是全体浙江父老多年的愿望。我一来杭州就奋力推动各方，想尽速促成其事。建桥经费问题，我已同许多方面接触过了，大有希望。再就是主持修桥的人，我考虑了好久，最后决定请你担任。因为你是康奈尔大学毕业的，我对康奈尔出身的人信得过，何况你又得过博士学位。如果你愿意，我们就共同努力，经费由我负责，工程由你负责，一定把桥造好，作为我们对国家的贡献。你看怎样？"

茅以升问："建桥需要的工程资料是不是已经准备了？"

曾厅长告诉茅以升："建设厅成立了一个专门委员会，收集了一些有关水文、地质和气象的资料，还在可能建桥的地址进行了江底土质钻探。"随后，他又补充道："当然，这些只是初步的，将来你们还得大大补充。"茅以升明确表示同意，他说："造桥是好事，我愿意做。不过我还得回一趟天津，向北洋工学院的领导请求辞职。现在我还担任课程，必须到暑假讲课任务结束后才能来。"

"那可以。造桥工程完全由你负责，我绝不干涉。"曾养甫慷慨应允了，接着他又说："我已经把有关建桥的一些资料寄给美国桥梁专家华德尔了，请他做一套钱塘江大桥的工程计划。"

听到这里，茅以升有些愕然。曾厅长解释道："因为华德尔是铁道部请的顾问，这样做铁道部和华德尔就不会反对我们浙江省建桥了。至于他的设计用不用，你们完全可以研究。我希望你们能做出比他更好的设计来。"

茅以升想："最了解中国情况、最关心中国的是我们炎黄子孙。为了造福子孙后代，为了替中国人争气，我要造一座省工、省钱、质量又高的现代化大桥，超过华德尔的工程计划。"

1933 年 8 月初，茅以升圆满地结束了在北洋工学院的讲课任务，他立即到浙江省建设厅上任，担任钱塘江桥工委员会主任委员。接着，又成立了钱塘江桥工程处，茅以升任处长。他怎么也想不到，这个处长头衔竟挂了 16 年之久。

从此，他在一间小小的办公室里开始了紧张的建桥筹备工作。第一件事就是从四面八方调集建桥人才，组成"高、精、尖"的班底。幸好他平时注意接触这方面的人才，而且通过学会和学校的活动，与这些人建立了联系。最要紧的是，他要请一位主要助手，一旦他有事分不开身时，这个人能代替他的工作。"罗英！"他的头脑中闪现出一位挚友的名字。罗英与茅以升是美国康奈尔大学桥梁专业第一班的同学。那时，班上一共有3名中国学生。另一人是郑华，他曾负责修建南京、浦口间的轮渡工程，后来弃工经商。

罗英是工程活动家。1916年，他与茅以升在美国共同发起成立中国工程学会，并任第一任书记。1931年，中国工程学会与詹天佑领导的中华工程师学会合并为中国工程师学会。

罗英在美国读完硕士学位后，即回国从事铁路、桥梁工程工作，还担任过山海关桥梁厂的厂长，是一位经验丰富的工程师。茅以升请他担任钱塘江桥总工程师。罗英认为工程总指挥应该是茅以升，后来他在《钱塘江桥工程大概》一文中说："本人虽负工程上责任，但全部事项，概由本处处长茅以升博士指挥而总其成。"

茅以升深知，如果不能战胜造桥面临的自然条件方面的困难，建一座现代化大桥这个历史重任就根本无从谈起。他一方面组织建桥精英，另一方面对钱塘江的水文、气象、地质做了周密的调查研究。

钱塘江，简称钱江，别名很多，如浙江、浙河、之江和罗刹江等。它发源于安徽休宁的凫溪口，上游名新安江；与兰溪的兰江汇合后，流往桐庐，名桐江；再流往富阳（又名富春），名富春江；流至杭州，才名钱塘江，由此东流入海。它之所以叫钱塘江，是因为杭州在秦代名钱唐，唐代因讳国号，易唐为塘。从新安江到钱塘江，江面越来越宽，在上海不过是普通河流，到了杭州就成了大江。从杭州的南星桥到对岸的西兴，江面宽达 3 千米。江流由此入海，先形成杭州湾，后扩大为喇叭形的王盘洋。

钱塘江在上游山洪暴发时，江水汹涌；在下游的海潮涌入时，波涛险恶。如果上下同时迸发，更是激荡汹涌，势不可挡。此外，遇到台风时，江面辽阔，浊浪排空，风波更为凶险。

再者，钱塘江底的流沙变化莫测。多年来，杭州民间素有"钱塘江无底"的传说。唐代罗隐就有诗云："狂抛巨浸疑无底，猛过西陵似有头。"

在钱塘江上造大桥，究竟能不能成功呢？茅以升通过考察和思考之后，找出 3 个亟待解决的问题。第一，治服流沙。虽说"钱塘江无底"的传说言过其实，但经过勘测，江底覆盖着厚达 41 米的流沙，建桥打桩困难极大，需研究新的科学方法。第二，解决石层承压力差的问题。第三，选择桥址。桥址须建在河身稳定、江面较窄的地方。在人力、物力充足的条件下，从科学的角度看，"钱塘江造桥"是可以成功的。但是，要有大无畏的气魄，并要冒风险。

罗英来到杭州后，茅以升迫不及待地邀请老友登上钱塘江北岸月轮山上的六和塔，面对汹涌澎湃的江潮，慷慨激昂地陈述了自己的勘测成果和造桥构想。

罗英兴奋地说："想不到以升兄这么快就拿出治服钱塘江的科学方法来了。数千年间多少人望江叹息，无法架桥。《史记》中就记载有秦始皇过江的故事：'三十七年十月癸丑，始皇出游……至钱唐，临浙江，水波恶，乃西行百廿里，从狭中渡，上会稽，祭大禹。'可见钱塘江是个天堑，虽以始皇之尊，也无可奈何，只得绕道而行了。"

"罗英兄所言极是。"茅以升侃侃而谈，"古人只能靠幻想征服大江。我们登临的六和塔始建于宋代，塔高13层，木质结构，是我国著名古塔之一……建塔是为了镇住汹涌的钱塘江潮。可是千百年来，钱塘江潮依然汹涌无阻。杭州有句歇后语，'钱塘江造桥——办不到'。现在就是让我们来做人们认为办不到的事情！"

罗英望着浩瀚的钱塘江沉思片刻，突然，他转过身来紧紧握住茅以升的手说："老兄，讲得好哇！你约我上六和塔观光抒怀，想必是要选择这个地方做桥址，因为此地江面窄，河床稳，风景如画。修建钱塘江大桥，古人办不到，洋人办不到，

但我们一定要办到！"

"对，我们一定要办到！"茅以升坚定地说，"外国工程师在中国修建的现代化大桥，并不全是技术先进、质量上乘。1905 年，法国人与比利时人合建的郑州黄河大桥完工不久，桥墩就被大水冲歪，以后多次修整，人称'豆腐桥'。1901 年，俄国人修建了松花江大桥，到 1914 年，钢梁就有了裂缝。如今，我们中国人要自己设计和建造第一座现代化大桥，要力争达到世界一流水平。这是中国桥梁建筑史上一件划时代的大事，也是历史赋予我们的神圣使命！"

风波突起

经过半年的勘测，茅以升听取多方意见，经过深思熟虑，对十几个方案进行分析比较，集中每个方案的长处，完成了《钱塘江桥设计书》。

大桥位置在杭州市区西南的闸口。大桥全长 1453 米，其中，江中正桥长 1072 米，北岸引桥长 288 米，南岸引桥长 93 米。为了使火车、汽车可以同时通过，采用双层联合桥形式——下层是单线铁路桥，上层是双线公路桥和人行道。正桥共 16 孔，单孔跨度是 67 米，整座桥高 71 米。

为了解决江底石层承压力差的问题，钢梁采用进口的高级合金钢。这种钢材既轻又结实。

总共 15 个桥墩，6 个在岸边，9 个在江心石层很深、流沙层厚达 40 多米的地方。在设计中，也考虑了美观的要求，使全桥各部分方、圆配合，色彩调和，主次分明，浑然一体。北岸引桥背山面水，附近有六和塔等名胜古迹。另在桥头两侧进行绿化，辟为钱塘公园。

按照上面的设计，大桥的全部修建经费约需 510 万银圆（大桥完工后结算为 540 万银圆，约合 163 万美元）。而美国工程师华德尔设计的大桥经费共需 758 万银圆。

曾厅长拿着两份设计书进行对比，很满意地说："你们超过了华德尔博士。"

铁道部批准了大桥设计书。茅以升立刻进行施工准备，并计划自开工之日起，两年半建成。这个计划是非常大胆的。茅以升想："钱塘江大桥工程难度极大，如果两年半完工，真是个创举。为了国家和民族的利益，我要尽力争取按期完工。"茅以升和罗英等人进一步研究施工办法。茅以升说："咱们要打破传统的造桥程序，那种'先做水下基础，再做桥墩，最后架钢梁'的办法太慢。咱们来一个'上下并进，一气呵成'的新方法。这种办法就是基础、桥墩、钢梁 3 个主要工程同时动工。正桥的桥墩是关键，在打木桩的同时，就在岸上做沉箱将其拖下水浮运到木桩上，放好沉箱立即筑桥墩。与此同时，也要抓紧赶制钢梁，等桥墩筑好，钢梁也就拼装完成了。邻近两个桥墩一做好，立即架上一孔钢梁。"茅以升话音刚落，罗英马上一拍桌子，大喊道："这办法太好了！这是国内外从来没有使用过的办法。你脑子真好用啊！"两位建桥大师又把具体计划研究了一下，同时也估计了可能遇到的困难，并想出了一系列解决办法。"上下并进，一气呵成"的新式施工方案就这样基本确定了。

大桥的初步设计方案，虽本着节约的原则，但全部经费估计也要 510 万银圆。这么多钱，经济困难、财政紧张的南京政府是根本出不起的，更何况一个浙江省呢？

那这笔巨款该如何解决呢？茅以升等人拟订了一个筹款计划，就是在大桥建成以后，征收"过桥费"。以"过桥费"为抵押，由浙江省向各银行借贷，估计最多 10 年就可以把本金和利息全部还清。10 年后，大桥免费开放，不再征收过桥费。最终，茅以升等人得到了本省 5 家银行的支持，成功借贷 200 万银圆。很快，经过曾养甫多方奔走，剩下的 300 多万银圆也有了眉目。

然而，铁道部顾虑重重，担心由浙江省自己建造钱塘江大桥，沪杭甬铁路（沪杭铁路和杭甬铁路的旧称）的运营可能会受到掣肘，因为两条铁路都要通过钱塘江，合用一桥。最后，铁道部和曾养甫商定，建桥采用部、省合作的方式，铁道部资金来自中英银公司（由英商汇丰银行和怡和洋行合资设立）的铁路借款。为了把主动权掌握在自己手中，铁道部愿承担建桥总投资的 70%，剩下的 30% 由浙江省承担。

有了经费，桥工处立即加紧进行精细设计和施工准备。

1935 年夏，大桥开工后不久，一天下午，突然从上海来了一个紧急电话。罗英拿起电话一听，原来是宋子良找茅以升。茅以升的脸色骤然阴沉下来，他悄悄对罗英说："他来电话凶多吉少。"宋子良是向英国银行（指中英银公司）借钱的主管人，他找茅以升很可能是为了钱塘江大桥借贷的事情。果然不出所料，宋子良在电话里告诉茅以升："钱塘江大桥借贷出了问题。恐怕办不成了。你马上来上海当面谈谈。"大桥已经开始施工，现在提出这个问题，这不是拆台吗？ 300 多万元的经费到哪里去借？这分明是故意捣乱，是阴谋……茅以升想到这里，气得一下子坐在凳子上，双手扶着桌子，不断地喘粗气。

罗英看看表，提醒茅以升说："赶最后一班火车还来得及，快去吧！看看他们葫芦里到底卖的什么药，咱们再根据情况想办法。"

茅以升匆匆忙忙赶到上海，第二天早晨见到了宋子良。宋子良说："沪杭甬铁路向英国银行借钱，还有两天就要在上海签订合同。但他们在钱塘江大桥借贷的条文中，发现有一个大问题不好解决。所以建桥借贷，这次不能包括在合同里了。"茅以升感到又气愤又寒心，他跑了几个月的经费还没拿到手，就要变成泡影了，大桥的设计书甚至有变成废纸的可能。这座

"争气桥"真的建不成了吗？他压住心中的怒火，问道："是什么问题？"宋子良说："浙江省向 5 家银行借贷的合同，已经把钱塘江大桥的全部财产做了抵押。现在向英国银行借贷，还有什么做抵押品呢？""有什么补救办法吗？"茅以升问。"有倒是有，除非把浙江省向 5 家银行借款的合同改一改，把'全桥财产抵押'改为'全桥财产的 30% 抵押'。但来不及了，离签字时间只有两天了。"茅以升心想，宋子良提的这个问题有几分道理，但是为什么不早提，好让我们做准备呢？于是他问："如果省里向 5 家银行借款的合同能在两天内修改好，行不行？""当然行了！"宋子良答道。

茅以升顾不得想宋子良的话是否可靠，怀着一线希望火速赶回杭州。他分别与各银行联系，日夜赶办修改合同一事。在两天时间里，5 家银行和浙江省建设厅、财政厅都在改好的合同上盖了章。第三天清早，茅以升如期把改好的合同送交宋子良。宋子良大吃一惊，只好答应把钱塘江大桥工程借款的条文写进沪杭甬铁路借款合同内。这场不小的风波总算平息了。

"八十一难"

1935 年 6 月，用于建立桥墩基础的打桩船造好了。

有了打桩船，打桩工程本该顺利进行，然而，意外的事情又发生了。

茅以升和罗英来到打桩船上亲自指挥操作。

全船人员像等待出征命令的战士。"嘟嘟——嘟——"震耳的哨声一停，汽锤立即开始工作。"轰隆！轰隆……"第一根桩打了两个小时，竟然一点儿也没打进去。罗英提议换个大锤。"轰隆"，大锤一响，"咔嚓"，木桩断了。接着打第二根，又断了。就这样，打轻了木桩下不去，打重了木桩会断。工人们忙了一昼夜，只打进一根桩。怎么办？大家面面相觑。茅以升认真思考，就是找不到问题的答案。

茅以升心急如焚，自言自语："每个桥墩要打 160 根木桩，全桥 9 个墩需要打 1440 根。照这样的进度，光打木桩就要花 4 年时间，这可不成！"

夜深人静，喧闹的工地终于安静下来。忙碌了一天的工人们都进入了梦乡，只有茅以升、罗英两人毫无睡意，他们正在聚精会神地研究如何改进打桩技术。一个又一个方案相继提出，又一个接一个地遭到否定……

"丁零零——"电话铃响了。茅以升拿起话筒，多么熟悉的声音啊！原来是夫人提醒他，明天是母亲的生日，请他回去给老人家祝寿。母亲生日应当回去，可是工地怎么扔得下呀！开工以来，连遭挫折，风言风语不断传来，甚至有人又叨咕起"钱塘江造桥——办不到"这句歇后语来了。

茅以升带着满腹心事回到家。母亲见到他非常高兴，她对儿子造桥的事特别关心，见面第一句话就问："工程情况怎样？"茅以升把大桥施工的情况和自己的心情如实地告诉了母亲。老人家十分豁达地说："唐僧取经经过八十一难，终于取得真经。唐臣（茅以升的字）造桥，也要经过'八十一难'。"母亲的话鼓舞了茅以升，他对母亲说："您说得太对了，我们现在还没有经过'八十一难'就有畏难情绪了，怎么能办大事？"母亲开玩笑地说："你们要是有孙悟空和他那根如意金箍棒，就能渡过难关，何必发愁啊！"茅以升茅塞顿开，忙说："是的，我们全体造桥人员就是孙悟空，如意金箍棒就是科学领域里的一条法则——利用自然力来克服自然界的障碍。"

从母亲屋里出来，茅以升迎面碰上女儿茅于燕。于燕气喘吁吁地跑来，她把小嘴凑近爸爸的耳朵，眼睛瞟了一下花坛边

的小男孩，悄悄地说："您看，到咱们家来玩的小淘气，把花坛冲坏了！"茅以升轻轻地走到小男孩身边，看见他手拿一把铁壶，正在浇花。一条水龙向花坛猛冲过去，把花坛里的泥土冲出一个小洞。茅以升边看边自言自语："壶水把泥土冲出个洞，壶水把泥土冲出个洞……"这个极为平常的生活现象，像一颗火种，一下子点燃了他智慧的火焰，使他得到了启发，进而想出一个改进打桩技术的好办法。

茅以升匆匆回到桥梁工地，直奔打桩船。他提出"射水法"的构想，请来工程技术人员和工人讨论。大家一致认为这个方法可行。特别是几位老工人，不仅赞成，还就具体做法和如何改进设备提出了许多好的建议。

"射水法"就是用一个带有大水龙带的机器，把江水抽到高处，再向江底直冲，把江底硬硬的泥沙层冲出深洞，接着把木桩放进洞里，用汽锤打实。

改装的机器安装好了，开机一试，果然成功了。由于革新了技术，打桩的效率显著提高，一昼夜便可打桩 30 根。打桩的难关就这样突破了，大家笑逐颜开，互相道贺。

浮运沉箱，是难度更大的工程。沉箱是用钢筋混凝土做的，像个无顶的大屋子。它长 18 米，宽 11 米，高 6 米，重 600 吨，要先在岸上做好，再运到江里，准确地放在木桩上。

工人们在事先修好的两条轨道上，架起一台钢架吊车。然后由吊车把沉箱吊起来，顺着轨道向前滑动，一直滑到江边。沉箱下水之后，用两只轮船拖着它们慢慢地顶着潮水前进。经过半天时间，沉箱被拖到木桩跟前，工人们按指定信号，放下沉箱前后左右的6个铁锚。这些铁锚每个都有3吨重。工人们想用这6个铁锚把沉箱稳住，再慢慢调整位置，使沉箱按计划落在木桩上。没想到，沉箱刚要就位，捣蛋的海潮和江水就和建桥的工人们唱起了对台戏。

这时正赶上落潮，江水和海潮从同一方向涌来，两股水力好像千军万马，一齐冲向沉箱。沉箱受不住这个合力的冲击，6个铁锚全被冲起，箱体轻飘飘地浮出水面，顺水漂流而下，一直漂到点灯厂所在地。出师不利，第一次浮运就遇到挫折。

工人们马上往回拖沉箱，才拖到木桩上，正在使它下沉时，又遇上涨潮。汹涌的潮水，峰头有两三米高，像一堵堵高墙齐刷刷扑来，冲力极大，铁锚的链索都被冲断了。庞大的沉箱浮起，被潮水顶到上游的之江大学所在地，这次又失败了。

因为浪潮太大，沉箱一时无法拖回，但是潮水一退，它又会陷入泥沙里。只好等下次涨潮，使沉箱漂起来，再用船把它拖回桥址。谁知这时又来了暴风雨，沉箱竟拖着铁锚，往下游漂去，而且越漂越快。等到工人们追上时，它已经漂到 4 千米以外的南星桥，把一个渡船码头撞得粉碎。当时江上的其他轮船一齐来协助，共有 14 艘汽轮，才把它拖回桥址。

不料，大潮又来了，捆绑箱体的钢缆被冲断，沉箱浮起，向上游漂去。箱体一直漂到 10 千米外的闻家堰，落潮后，再次陷入泥沙层。这次搁浅和上次不同，工人们费了好大力气才使它浮起来，然后拖回桥址。

这只沉箱就像脱缰的野马，在 4 个月里多次乱窜，让大家苦不堪言。浮运并正确安装沉箱是桥墩的关键工程。沉箱如果不能老老实实地待在木桩上，就筑不起桥墩。桥墩筑不起来，还造什么大桥呢！

一时间，各界人士议论纷纷，尤其是杭州和上海的一些小巷里，充斥着各种流言蜚语。更严重的是，几家银行开始为放款担忧，一次次找到茅以升，询问大桥能否建成，如果没把握就赶快停工，退还借款。

茅以升没有被这些困难吓倒："再有困难，大桥也得建。在建桥上面，我决不后退半步！钱塘江大桥的成败，不是我一个人的小事，而是能不能为中华民族争气的大事。"

　　茅以升和罗英带领着主要工程技术人员和一部分工人，认真总结经验教训，特别细致地分析、研究了江潮和海潮的规律。大家纷纷提出建议。有位工人提出，把3吨重的铁锚改为10吨重的混凝土锚。这个建议引起了茅以升的重视，后来得到了采用。浮运沉箱的工作又开始了。茅以升等人这次改用6个10吨重的混凝土大锚，在海水涨潮时把沉箱放下水，落潮时赶紧让它就位，结果十分顺利。

　　真是有了孙悟空和他的如意金箍棒——广大工程技术人员和工人的智慧与力量，再大的困难也能克服。经过大家的不懈努力，600吨重的庞然大物终于乖乖地立在木桩上了。建桥的又一难关被突破了。

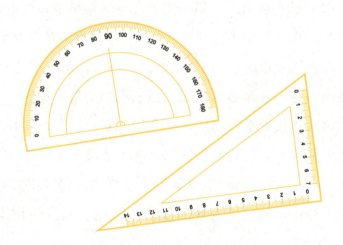

划时代的里程碑

大桥施工继续紧张地进行着。茅以升时常察看各工区的施工报告，以了解工程的进度和质量。他认真审阅打桩工程的报告。打桩是大桥工程的基础，每一根桩的位置都要十分准确，稍有歪斜，桥墩的承载力就会受到影响，这会缩短大桥的使用寿命，甚至造成桥身倒塌。他对照原设计图，一墩一墩地检查，每墩160根木桩的位置都要找到。

茅以升对于沉箱落到江底能否与160根木桩对准十分担心，非要下到沉箱里亲眼看看。

茅以升下到沉箱底，伸手在泥沙里不停地摸索着。这时，一位工程师不安地问："茅先生怎么下沉箱来了？这里是水下30多米啊，您怕是受不住，快上去吧！有什么事情找我们吧。"茅以升知道这里很艰苦，身强力壮的人在沉箱里工作时间长了，也会头晕眼花，甚至鼻口出血。但他不顾劝阻，仍然一根根地摸着木桩，边摸边数。忽然，他觉得头晕、口渴，顿时出了满身虚汗。他懂得，这是对水下高温高压环境不适应的反应，如果继续留在沉箱里，会有生命危险。他没有惊动别人，手抚胸口，慢慢爬上铁梯，到气压室里休息了一会儿。当身体刚刚恢复，他又下到箱底接着数木桩,1根、2根、3根……果然根根俱在!他终于放心了。

1937 年 7 月 7 日,日本帝国主义在北平（今北京）西南宛平县的卢沟桥向中国军队发起了进攻。很快,侵略的火焰蔓延到了上海。8 月 14 日,日军的飞机开始袭扰杭州,企图炸毁尚未完工的钱塘江大桥。

一天,茅以升正在北岸第六号桥墩的水下沉箱里和工程师们研究工作,忽然,电灯熄灭了,沉箱内一片黑暗。大家不知所措,以为高压空气管也断了。没有高压空气,水就会涌入沉箱,几十人都会有生命危险。沉箱内的气氛十分紧张。两分钟过去了,箱内没有进水,大家慌乱的心稍微镇静了一些。10 分钟、20 分钟过去了,仍然没有进水,大家这才松了一口气。半小时后,电灯亮了。一位工人顺着铁梯爬下来,他告诉大家:"现在没事了,你们放心地干吧。"

茅以升想把停电的事情弄清楚,他跟着这个工人上了铁梯,一步一步吃力地往上爬。到了地面,他环顾四周,工地上的情景令人感到奇怪:往日那种灯火通明、马达飞转、机声隆隆、工人忙忙碌碌的场面,全都不见了。大江两岸喧闹的工区一片漆黑,寂静得像深山老林一样。他问:"刚才出了什么事情?"

那位工人说："半小时前，传来空袭警报，命令关掉电灯，说是日本人的飞机要来炸桥。不一会儿，果然来了3架飞机，扔了不少炸弹，幸好都掉进江里，没炸坏什么。现在警报还没有解除。"茅以升听了，万分愤慨，心里骂道："好啊，日军已把战火烧到大桥了。""你怎么没躲？""我是管闸门的，那么多人在下面干活儿，我怎么能离开呢！"茅以升对这位工人临危不惧、坚守岗位的忘我精神十分敬佩，说："如果没有您冒着生命危险确保大家的安全，我们早就葬身江底了。"

从这天起，日军飞机经常来袭扰，给建桥工程增加了新的困难。

茅以升率领全体工程技术人员和工人日夜奋战在工地上。9月19日、20日，大桥的最后两孔钢梁装到了桥座上，大桥合龙了！两孔钢梁的安装只隔一天，这在桥工史上是罕见的。对于桥梁上的每根钢架、每颗铆钉，茅以升都精心检查、亲自验收。人们经常看到他拿着白粉笔，在那些不符合质量要求的桥钉上画出一个白圈，然后组织工人立即翻修，以确保质量。

1937年9月26日是个值得永远纪念的日子。清晨4点，"呜——"一列火车长鸣一声，从大桥上隆隆地驶过了钱塘江。"成功了！成功了！"钱塘江两岸一片沸腾。钱塘江大桥自 1935 年 4 月正式开工，1937 年 9 月完工，历时两年半。这是中国人自己设计和建造的第一座现代化大桥，它的建成是中国桥梁建筑史上一件划时代的大事，显示了中国科技工作者的聪明才智，显示了中国人民有着自立于世界民族之林的能力。它是一座不朽的丰碑！

茅以升和广大建桥技术人员、工人在建桥时发明了"基础""桥墩""钢梁" 3 种工程"上下并进，一气呵成"的新方案，并且在采用"射水法""沉箱法""浮运法"的全部工程中实现了半机械化，因而使钱塘江大桥工程的工期最短（两年半）、工款最少（约合 163 万美元）。钱塘江大桥达到了当时的世界先进水平，远远超过了外国人在中国建造的十几座大桥。

茅以升后来感叹，工人们的劳动确实是伟大的。桥工不比一般建筑工程，不但是在水上、水下工作，处处都有危险，而且全部是露天进行的，不管风霜雨雪，都得工作。再加上赶工要求，种种压力，最后都聚集到工人们的身上。就在这种压力之下，钱塘江大桥的工人们发挥了集体智慧、集体力量，胼手胝足，战胜种种困难，终于完成了这个所谓不可能的"钱塘江造桥"的工程。

第五章 ｜ 炸桥与复桥
悲歌一曲别钱塘

钱塘江大桥通车的时候，抗战烽火已经燃遍了大江南北。大桥上层的公路面虽然与下层的铁路面同时完成，但是为了预防敌机轰炸，除在公路面做各种伪装外，一直没有向行人和汽车开放，以示公路尚未完工。

茅以升在大桥设计施工时，就曾预感到可能遭到战祸，因此采取了相应的措施。他独具匠心地设计出前所未有的桥型：一是将正桥的 16 孔钢梁造得一式一样，如果有一孔钢梁被炸落水中，就可以将靠岸一孔改成便桥，将钢梁移过去补替；二是在靠南岸第二号桥墩内预先做好了一个方形洞口，万一日军要占领大桥，就可以放入炸药毁桥；三是将造桥所用的各种机器设备隐藏在大桥附近，方便修桥时使用。

局势一天天地紧张起来，日军很快逼近杭州。1937 年 11 月 16 日，茅以升接到一个命令：马上炸掉大桥，不能让敌人占用！他的头一下子晕了，心也顿时激烈地跳起来。想不到历时两年半，经历千辛万苦，刚刚建成的大桥没用多久就要被毁掉，这如同用刀子戳他的心。更何况有那么多车辆和行人需要向后方转移，江边的难民愈聚愈多，势必将开放公路桥。可是，万一日军冲到桥头，来不及放炸药怎么办呢？

他反复思考，想出了一个两全但冒险的办法。炸桥工作分为两步：先将炸药放好，将引线接到雷管，然后停工待命；等到炸桥命令到达时，再引爆雷管。然而放进炸药后，桥上还要行车走人，太危险了。这就要采取严格的管理措施，才能确保安全。茅以升对工程技术人员和工人们仔细讲述了炸桥方案，并且反复强调，要用造桥的精神来保桥。大家相信，放炸药时只要胆大心细，不触动雷管，同时严禁烟火，就可以完成预定的计划。

当晚，工人们通宵做好了放炸药、接引线的工作。建桥时在那座桥墩里预留的空洞，现在竟然用上了，茅以升心痛万分。

17日清晨，大桥上层的公路开放了，江边待渡的难民都赶着过江。这天的过江人数在10万以上，算是钱塘江上从未有过的最大规模的"南渡"。这样，茅以升将炸桥的事一直拖了37天，确保更多的人能安全向南转移。这当中有一天，过桥的铁路机车高达300多辆次，公路客货车达2000多辆次。

12月23日下午5点，隐约看见日军骑兵奔往桥头，茅以升果断下令开动爆炸器。一声轰然巨响，满江烟雾。这座雄跨钱塘江的新桥，就此中断了！

在建桥工程进行时，罗英先生曾出了一副对联的上联，征求下联。上联是"钱塘江桥，五行缺火"（"钱塘江桥"4个字的偏旁分别是金、土、水、木），谁能想到这个"火"字，竟是为了全民族抗战忍痛炸桥而"引火烧身"呢！

这天，茅以升夜不成寐，伏案挥毫写下10个大字："抗战必胜，此桥必获重修。"随后，泪水顺着墨汁一齐滴洒在他悲壮的诗行里。

别 钱 塘

一

钱塘江上大桥横，众志成城万马奔。
突破难关八十一，惊涛投险学唐僧。

二

"天堑茫茫连沃焦，秦皇何事不安桥。"
安桥岂是干戈事，同轨同文无浪潮。

三

陡地风云突变色，炸桥挥泪断通途。
"五行缺火"真来火，不复原桥不丈夫。

千里转移无价宝

自 1937 年 8 月 14 日日军首次轰炸钱塘江大桥以来，敌机经常来杭州轰炸、扫射。全城人民惴惴不安，被迫四处逃难。

在这十分慌乱的形势下，桥工处实在无法坚持工作了，11 月中旬，由罗英主持，全部南迁至兰溪。

他们在兰溪租的一所住房，是个钱庄的旧址，前后两进院，可住房不到 10 间。桥工处全体工作人员，白天挤在几间黑洞洞的房子里工作，晚上十几个人挤住在楼上一间低矮的小屋里。在这战火纷飞的年月，一切只能将就。屋子里冷得实在无法工作，他们就用热水瓶子暖手。

转移到这里的人员，主要是忙着完成桥工处的收尾工作，其中最主要的一项，是大桥的竣工图。竣工图表明了所完成工程的实际情况，这是最重要的工程档案资料。它是以后大桥保养维修的可靠依据。茅以升非常重视这项工作。前一阵子只顾赶工，对几项最后完工的工程还没有来得及绘制，因而要在这里补办。全体人员日夜奔忙，于年底将全部工作胜利完成。在战争年月，能赶制出完整的竣工图，这需要多么强的事业心呀！

竣工图完成后，罗英奉命带领一批人前往桂林。茅以升心里一直想着建桥技术人员的队伍不能散掉，于是在欢送会上，他嘱咐道："希望各位千万别丢掉建桥技术，要抓紧时间钻研业务。抗战胜利后，不仅要修复钱塘江大桥，还有更多的桥等着我们去建呢！"他讲出了大家共同的心愿，小屋里立刻响起热烈的掌声。

大部分人员走后，茅以升和另外 3 人继续整理、包装大桥技术档案，准备内迁。这套资料共装了 14 箱，包括各种图表、文卷、刊物、照片、电影片等。尤其是那套建桥的电影片，记录了工程的全部施工细节，是一部比较完整的工程教育影片。拍摄时，现场变成了拍摄场，工人变成了演员，而茅以升和罗英就充当了导演。

茅以升看着捆扎好的 14 箱资料，无限欣慰地说："这些资料是无价之宝，我们要像保护生命一样保护它们。抗战胜利了，要修桥、建桥，还要培养桥梁技术人才，这些东西有大用。"

1938 年春，桥工处从兰溪迁往湖南湘潭。这时，在北方的交通大学唐山工程学院撤退至湘潭复课，茅以升兼任该院院长，把两个单位设在一起办公。100 多人挤在只有二十几间房的陶公祠里。

过了几个月，师生越来越多，小小的陶公祠容纳不下了。

茅以升四处托人，最后由湘黔铁路局的校友帮助，在湘西永丰县的杨家滩找到了合适的校舍。

不久，长沙失守，杨家滩不能待了。刚刚有了安身之处的工程学院又得搬家。于是学院在贵州省的一个山区小县城——平越（今福泉市），找到了一个比较合适的校址。这里有一座文庙，前院有二十几间屋子；后院是个大殿，可以用作礼堂，能容纳 500 多人；两厢还有一些平房。校舍虽然简陋一些，但总算可以安顿下来了。茅以升这时考虑的第一个问题，就是招收新生。学院先遣队在搬迁的途中路过桂林，茅以升决定在这里招收一批新生。

秘书写好了一份招生启事，茅以升看后，说："很好，马上送到几家报馆，请它们从明天起连登 3 天，告诉它们千万别拖。我们在这住的时间不长，如果招生工作办不完，大队人马来了，不能及时赶路，又没有住处，困难就更大了。"秘书会意地点点头。

1939 年 1 月初的一天，秘书起得特别早，为了不耽误考生看榜，他早早就把录取名单贴到了街上。刚刚吃过早饭，刺耳的空袭警报又响起来，简直要把人们的心给撕碎了。警报刚停，果然有几架敌机凌空而来，盘旋几圈，丢下许多炸弹后飞走了。敌机炸毁了好几处房屋，刚刚贴出的新生录取名单，没等学生看就被炸毁了。下午，秘书又写了两份，贴在附近的两处墙上。

过了几天，步行的大队师生陆续到齐了。一搬再搬，经过长途行军的师生已经累得筋疲力尽，到了桂林，找到了先遣队，就像回到家一样，他们的心里有说不出的高兴，总算盼到暂时的安定了。

一天，几十架敌机突然而至，一阵狂轰滥炸，丢下了100多颗燃烧弹，好好的一座城市瞬间变成一片火海。茅以升家附近的许多房屋都中弹了，大火熊熊，越烧越凶，眼看就要烧到他家。他安排夫人陪着母亲、孩子到远处的城墙根下躲避，自己带着几位工作人员冲入火海，抢救那14箱建桥资料。

大家提心吊胆地躲在墙根下。突然，一个炸弹飞来，炸得泥土飞扬，弄得他们都成了"土人"，幸好没有人受伤。在战火中能幸免于难，真是不幸中的大幸。

唐山工程学院的临时住所也遭到轰炸，烧成了一片废墟，教职员工和学生的衣物损失一空。茅以升把家中仅有的一点儿衣被都拿去给学生用了。

经过长时间的奔波，师生们终于安全到达平越。终于有了一个安定的环境，全体人员皆大欢喜。

学院以文庙为校部，一部分教师和学生住校部，多数教师和家属租住旅馆及老乡的房子。茅以升和家人住在北街一家姓刘的老乡家里。茅以升和夫人住在楼下西房，老太太和保姆住在楼下东房，于美、于冬和于燕三姐妹住在楼上。这栋楼原是刘家放杂物的仓库，十分低矮。奶奶却高兴地给孙女们的"宿舍"起了一个好听的名字——联芳楼。茅以升在校部教员所住的楼下租了一间房子，专门存放桥工处的14箱资料，并指定专人保管。

天气渐渐转暖，学院开展了大规模的建校劳动。大家共同努力了几个月，盖了几十间砖木结构的新平房。一些同事建议茅以升院长住新房，他谢绝了大家的好意。

学校还修建了一个操场，因陋就简地置办下许多体育器材。茅以升又得到校友们的资助，几次派人去香港买回4万多册急需的图书，办起了一个小型图书馆。

唐山工程学院终于恢复了正常的教学秩序。每天晚上，教室、图书馆都灯火通明。茅以升努力学习，每到深夜肚子饿了，便在火炉上煮点米饭锅巴吃。

接着，学院办起了附属中学，既解决了教职工子女的学习问题，也招收当地学生，更融洽了学院和当地政府、群众之间的关系。茅以升在唐山工程学院任教的 3 年间，培养了 300 多名毕业生。后来，这些学生绝大多数成了技术骨干，有的人还成了知名学者。

钱塘江大桥虽然被迫炸毁了，可是建桥者的功绩是永存的。1941 年，中国工程师学会在贵阳召开年会，会上给茅以升颁发了名誉奖章，奖励他设计修建钱塘江大桥的功绩。奖章的证书上写道：

> 本会会员茅以升先生，前负责设计并建筑杭州钱塘江大桥，为近年工程建设一大成就。而于民国 26 年全面抗战开始，东南吃紧之际适时完成，于军民物资保全甚大。经本会董事会决定，给予名誉奖章以示褒扬而资矜式此证。

到会的 600 多位会员用热烈的掌声欢迎茅以升讲话。

茅以升诚恳地说："钱塘江大桥建成，应归功于全体工程技术人员和工人的努力。特别是总工程师罗英先生，几年如一日，历尽千辛万苦。奖章应该给他们，我今天是代表他们来领奖的。"

1942年春，茅以升离开平越前往贵阳，接任交通部桥梁设计工程处处长。1943年春，他又前往重庆，担任新成立的中国桥梁公司总经理。这两个机构都是为了当时和战后的桥梁事业发展而成立的。

1944年夏，桥梁公司盖了办公楼和宿舍。公司许多职员的家属搬到重庆，茅家也从平越迁到了重庆。在这大敌当前、中华民族危在旦夕的情况下，桥梁公司没有桥梁修建，只能做些小活儿，如修修爬坡公路等，收入很少，连维持职工的最低生活水平都有困难，有时甚至连工资都发不了。

茅以升鼓励大家，没活儿干就好好学习，为了祖国的将来，要努力掌握技术。他不仅亲自给大家讲课，还在生活上与大家同甘共苦。

经过茅以升的努力争取，桥梁公司得到交通部给的8个去美国学习的名额。有的人因放不下家人，不肯报名，茅以升便动员他们安心去学习，家属的生活问题由公司负责。到美国学习的这批人，日后都成了我国桥梁技术界的骨干。

1945 年 8 月 15 日，日本帝国主义宣布无条件投降。中国人民终于赢得了抗日战争的伟大胜利。

此时此刻，全国人民都无比喜悦。茅以升望着 14 箱钱塘江大桥工程资料，兴奋地对夫人说："过去我曾经发过誓言：'抗战必胜，此桥必获重修。'现在抗战胜利了，我们该回杭州修复大桥。这 14 箱资料辗转千里，我一直带在身边，如今这些珍宝将重见天日。而且我们还带出一批建桥人才，这更是无价之宝。我相信，他们一定会在修复大桥或再建大桥之时大展宏图、大显身手！"

"不复原桥不丈夫"

1946 年春，茅以升带着桥工处的工程技术人员和精心保护下来的 14 箱资料，回到了杭州。他们立即对钱塘江大桥进行全面考察。这座雄伟的大桥和中华民族一样，饱经侵略者的践踏。它满身创伤，无精打采地横在泛着滔滔白浪的钱塘江上。

原来，日军占领钱塘江两岸后，3 年未动大桥，直到 1940 年 9 月，才在坠落于江中的 5 孔钢梁上，架设军用木桥面，接通公路，通行汽车。日军从 1943 年年底开始着手修理被炸毁的桥墩和钢梁，1944 年 10 月竣工，通了火车，但上面的公路桥未接通。他们对大桥的修理，完全是为了侵略战争之用，一切因陋就简，草率了事。由于桥墩的钢梁破坏严重，匆匆修理后虽然能过火车，但车速限制得很低。

靠南岸的第二座桥墩顶部被炸得精光，江底泥沙又淤得很高。从日军留下的资料看，当初是在沉箱上打木桩，木桩上再筑桥墩。这就使得沉箱上下都有木桩，真是中外桥梁史上都从未见过的稀奇事。日本人没有把每一根木桩都打到沉箱上，有的只是打到了泥沙层上。时间稍长，泥沙被水流冲刷，桥墩就会塌陷，造成严重的事故。

　　江心第五号、第六号两个桥墩破坏得很严重。墩壁多处破裂，日本人只是用墩外加箍、墩内填沙的办法，勉强维持行车。这两个桥墩是抗战时期的游击队破坏的。第五号桥墩破坏于 1944 年 3 月 28 日，第六号桥墩是 1945 年 2 月 4 日破坏的。夜深人静时，游击队的英雄们悄悄游到桥下，放上定时炸弹。两次爆炸都很成功，敌人费了很长时间才修好。

　　被炸坏的 5 孔钢梁，全都被日军接补成形，架到桥墩上，但所用材料都是普通钢，而不是合金钢，只有连接用的铆钉是日本制造的合金钢。此外，钢梁被炸扭曲的部分，也未能全部矫正，以致钢梁的承压力大大减弱。

　　大桥上层的公路面，原来被炸毁的 5 孔钢梁，日本人在修理时把上面的钢筋混凝土路面全部凿掉，因而公路不通。这 5 孔钢梁以外的公路面和人行道，都残破不堪。人行道旁的铁栏杆，只剩北岸引桥上的一部分。桥上的铜灯，留下的更是寥寥无几。

　　一天早晨，茅以升不声不响地来到中国桥梁公司上海分公司。他深情地察看着这座清净幽雅但稍显荒凉的小楼。

　　上海分公司的汪菊潜经理兼总工程师，正在入神地看书，听说茅以升来了，像久别亲人的孩子一样，非常高兴，大步从房间里冲出来，把茅以升迎进屋里。

茅以升挂好那件半旧的灰色大衣，坐在沙发上，四处瞧瞧说："菊潜，我今天来就是为修复钱塘江大桥的事。如果你们愿意，明天就随我到杭州，咱们一起仔细商量商量。你们先做好调查研究，写个计划，等浙江铁路局批下来，马上开工。"汪菊潜高兴地说："我们当然愿意啦，大家经常念诵'不复原桥不丈夫'。""这是咱们多年来的共同理想。现在抗战胜利了，咱们的理想总算可以实现了。"茅以升信心百倍地说。

汪菊潜说："茅先生，大家经常说起您，称赞您很有远见。当初在抗日战争那么艰苦的年代里，为培养桥梁技术人才，您费了那么多心血。现在修桥和将来建桥，咱们的技术力量比建钱塘江大桥时雄厚多了。那次派人出国学习，咱们公司去了8名，占那次出国总人数的三分之一。"

"那时候没活儿干，不学习干什么。"

"时间是有，可是人走了，家属缺吃少穿，生疮害病，您全都得管。那时好多单位都发不出工资，您自己节衣缩食，给我们发工资，养家糊口，保证我们在国外安心学习。那一年，我们学到不少东西。在国外一想到您为国家培养人才不惜一切的精神，我们学习的劲头就更大了。"

"这是大家团结奋斗的结果，我虽然是负责人，只是做做组织工作。"茅以升谦虚地说。

汪菊潜是一位技术精湛、事业心很强的工程师。他带着上海分公司的人员，很快来到杭州，只用了一周时间就制订了修复钱塘江大桥的计划。

一天，他吃罢早饭来见茅以升，刚坐下，就从公文包里拿出修桥计划，开门见山地说道："根据您的意见，既要修桥，又要不误通车。这个计划分两步走。第一步，临时修复，接通公路，并加强铁路，只求临时维持通车。对损坏严重非修不可的部分，进行局部修理。第二步，彻底修复，把所有损坏的桥墩、钢梁、路面一律恢复原状。还要把因战争停下来的收尾工程办完。第五号、第六号两个桥墩，既要修好又不影响通车，就要采取特殊方法。我们反复研究，想出了一个'套箱法'。这办法就是在桥墩外面放个大套筒，再把套筒和桥墩夹层里的水抽干。然后，工人在夹层里修理墩壁的裂缝。南岸第二个桥墩，凿去日本人所筑的桥墩，拔出他们打的木桩，在下面的沉箱上另筑新的桥墩。"稍停片刻，他又补充道："修这个桥墩，非停车不可。不过我们会设法缩短停止通行的时间。其他桥墩，破坏轻的，就在水上施工，不采用特殊办法了。"

他的话刚说完，茅以升就提出："对损坏的钢梁，要把普通钢全部换成合金钢，在拆换时要保证通车。"

1946年9月，修复大桥的工作开始了。工人们在被炸毁的5孔钢梁上面，铺设临时公路木桥面，汽车单线行驶，两旁设临时木栏杆。对未损坏的各孔钢梁，加涂保护油漆。1947年3月1日，公路桥通车了，恢复了大桥双层路面的使用。

大桥损坏严重，所以限制火车过桥速度为每小时10千米，汽车为每小时15千米，而且汽车、火车不能同时过桥。同时对汽车过桥征收"过桥费"，作为管理和维修费用。

1947年夏，开始筹备和修建几个桥墩。这时国民党统治日趋没落，经济崩溃，人心浮动，修桥所需经费时断时续，工程进展异常缓慢。直到1949年5月3日杭州解放，第五号桥墩的套箱还未落到江底。

国民党当局败退时，曾在5月3日下午派出军队在第五孔钢梁的两头放了很多炸药，又一次将桥炸毁，幸好损坏不大。修桥职工们立刻日夜抢修，经过24小时的奋斗，铁路、公路桥全部恢复通车。

上海解放后，大桥未完成的工程由上海铁路局接管办理。第五号桥墩于1952年4月全部修好。

　　第六号桥墩的修复工程，是在 1953 年 9 月完成的。至此，茅以升、工程技术人员和广大工人，终于顺利完成了修复钱塘江大桥这一光荣任务。这座雄伟而壮丽的大桥，又飞架于钱塘江之上。

　　钱塘江大桥是我国自行设计、建造的第一座既高又长的铁路和公路联合桥，开创了我国大型现代化桥梁建筑的先河。它的重大历史价值和作用，将永载中国近代科学史册。

半个世纪的瑰宝

1987 年 9 月 26 日是钱塘江大桥通车 50 周年纪念日。大桥上，50 面鲜艳的红旗迎风飘扬，迎接以中国著名桥梁专家茅以升为首的 9 名当年参加建桥的健在者故地寻踪。

次日上午，浙江省政府在杭州召开了一次隆重的座谈会，91 岁高龄的茅以升，与当年参加建桥工作的朱纪良、李洙、王同熙、冯寅、李伯宁、余权、蒋杏沾，出席了座谈会。

座谈会高度评价了老一辈建桥大师的英雄业绩。50 年来，钱塘江大桥对发展东南沿海经济，方便浙江人民的交通，起了巨大作用。其设计构造之高明，建造质量之优良，维护管理之精心，实为桥梁工程一大杰作。

随后，茅以升与当年并肩奋斗过的老战友欢聚一堂，重温昔日共事之情，畅谈今日建设的发展。

几十年来，茅以升一直精心保存着 14 箱有关钱塘江大桥的水文、地质、气象、设计、施工、器材等的珍贵资料，还有一般工程少有的竣工资料。这些资料经茅以升亲自分类编目装订成册，连照片、底版都全用玻璃纸包好，配上彩色封底、封面。1975 年 9 月，秘书郑淑娟陪同茅老将这些建桥资料捐献给了浙江省档案馆。茅以升意味深长地说："过去我为人民修建了钱塘江大桥，现在我又把大桥的全部资料献给国家，这才能说真正完成了国家和人民交给我的历史重任。"

1982 年，杭州的科技人员在勘察钱塘江的水文、气象、地质时，重新使用了茅以升捐献的凝聚了建桥大军心血的宝贵资料，为国家节省了 10 多万元费用。

1987 年 9 月 26 日下午 2 点，茅以升在众人的陪同下，乘车到钱塘江大桥视察。他时而用望远镜凭栏远眺，时而向养桥人询问大桥的近况。当听说钱塘江大桥雄风犹存，他提出修建的第二座钱塘江大桥即将开工时，茅以升兴奋地邀请当年的建桥人与今日的养桥人一起在桥上合影留念。

故地寻踪，兴奋之余的茅以升怀念起与自己并肩缔造大桥但已谢世的总工程师罗英。他眼含热泪，对陪伴自己的小女儿玉麟说："每当我走上钱塘江大桥，就怀念起良友与诤友罗英君，他的音容笑貌时时浮现在眼前。半个世纪前的往事，仿佛就在昨天……"

罗英（1889—1964），字怀伯，早年与茅以升在美国康奈尔大学相识、相交。两位挚友回国后为建造钱塘江大桥呕心沥血，共同奋斗。

1949年后，罗英先后担任北方交通大学（今北京交通大学）教授、武汉长江大桥技术顾问委员会委员，与茅以升共事多年。他呕心沥血，潜心研究中国古代桥梁技术史，编写的《中国石桥》和《中国桥梁史料》这两部鸿篇巨制，均请茅以升撰写序言。

罗英在上海的病榻上仍与在北京定居的茅以升书信往来。两位前辈大师的友谊在工程界被传为佳话。

1964年7月1日，罗英病逝于上海。茅以升亲自为罗英致悼词，并敬献一副挽联：

学桥、造桥、写桥，绩效长存，一旦间沉疴
突变，遗著伤心余半部；
　　良友、益友、诤友，语言犹在，五十年坠欢
难拾，前尘回首痛重泉。

　　在茅以升欢庆天堑通途50年并深情怀念老友罗英的时刻，
他没有想到这是自己最后一次登上钱塘江大桥了。雨后的彩虹
映照着他慈祥的脸庞，江上的微风吹拂着他的缕缕白发，奔流
不息的江水激昂地述说着他的丰功伟绩。

　　历史将永远记载修建大桥的深远意义，人民将永世不忘划
时代的桥梁先驱。

第六章 | 天翻地覆慨而慷
神州大地的巨变

1949 年 4 月 24 日，中国人民解放军解放了南京。大军以秋风扫落叶之势，长驱直入，逼临上海，国民党上海警备区司令汤恩伯还在负隅顽抗。

5 月 15 日，一辆黑色小轿车开进茅以升住的同济大学中美医院（今同济大学附属医院）。一个身穿军装、手持公文包的国民党军官下车，直奔茅以升的病房，进门就说："茅博士，请您去一趟，有要事商量。"茅以升望着陌生的军官惊异地问："有什么事？到哪里去？"军官回答："去金神父路 118 号，到时便知。"

茅以升怀着忐忑不安的心情随军官乘车来到金神父路 118 号，这里戒备森严，五步一岗，十步一哨。军官领着茅以升走进一间大厅，只见一个人坐在一张高靠背椅上。"噢，蒋介石！"瞬间，茅以升明白了一切，他处变不惊，迅速想出对策。

蒋介石不等客人说话，抢先开口："茅博士，坐，坐，召你来商谈秘书长就职一事。上海战火已起，人心思乱，政局不稳，迫切需要在教育界、工程界享有声望的一位科学家出任秘书长，以安定人心。"

茅以升面露病容，款款回答："我最近患胃病住进医院，遵照医嘱需要长期治疗。"

蒋介石眉头紧锁："这个，这个……快去，快去！"说完就起身送客。

茅以升回到医院后，中国科学工作者协会的负责人前来看望他，并鼓励他说："茅博士，地下党传来指示，上海快要解放了，你可以利用秘书长一职里应外合，为解放上海、保卫上海做两件紧急的事：一是阻止汤恩伯逃跑之前炸毁工厂；二是设法营救关在龙华监狱的 300 多名进步学生。希望你运用你的智慧和影响……"

茅以升眼前一亮，毅然接受了这个神圣的使命。第二天，他出院了，并迅速找到上海市市长陈良的太太——李佩娣。寒暄之后，茅以升跟她推心置腹地畅谈起来："佩娣，上海易手已在旦夕，不知陈良做何打算？""陈良与汤恩伯之辈不同，他也在为自己的后路着想。前两天他还给自己的警备区打电话，让他们不要进驻工厂。谁知，汤恩伯根本听不进去……"

"啊，是这样。汤恩伯很可能在上海重演当年的'长沙大火惨案'，我有个办法可制服他。据说这位汤司令，在国人面前飞扬跋扈，可是他一见了外国人就软成了棉花团，不妨针对他这致命的弱点，施展策略……"

茅以升把自己的办法详述一番，并且把地下党组织的两个意见提了出来。李佩娣当即应允，表示要劝说陈良尽力而为。

两天之后，李佩娣按照商量好的办法，通知茅以升以上海市政府秘书长的身份，去瑞士驻华领事馆出席领事团会议。会上，茅以升抓住时机，说服外国领事团起草了一份照会，措辞相当强硬。陈良很快将外国人的照会转交汤恩伯，要他应承外国领事的要求。汤恩伯大吃一惊，心想，偌大的上海，洋人工厂和国人工厂交错在一起，要让士兵放火一烧，哪里还分得清是谁的工厂？于是他只得下命令，不得破坏上海。至于龙华监狱中的300多名进步学生，陈良已密令警察严加监管，听候处理。

5月25日，解放军开进了南京路。茅以升急忙往各处打电话，了解工人和学生的情况。当得知全市工厂无一被毁、全部学生无一被害时，他如释重负，欣然加入了欢迎解放军入城的群众队伍。上海龙华监狱释放的那批进步学生，后来绝大多数成了祖国各方面的得力干将。

上海解放后，几十个科学团体联合成立了"上海市科学技术团体联合会"，茅以升被选为执行主席。

1949年9月8日，茅以升乘火车北上，揭开了人生新的一页。

10月1日，这是令中国人民无比欢欣鼓舞的日子，也是令世界震惊的日子。下午3点，在首都北京的天安门广场举行了中华人民共和国开国大典。30万人兴高采烈地集合在天安门前。典礼开始了，54门礼炮齐鸣28响，这表示全国人民在中国共产党的领导下，经过艰苦卓绝的斗争，终于取得了革命的胜利，迎来了中华人民共和国的诞生。插满红旗的广场上响起了春雷般的欢呼声。

茅以升等14位科学界代表被邀请到天安门城楼上观礼，他们感到无比喜悦，无比幸福。

茅以升站在天安门城楼上，感慨不已："多少年来，中华民族梦寐以求的要建立一个独立、民主、和平、统一、富强的中国的理想，现在终于实现了。看见今天的盛典，谁能不心潮起伏、感慨万端呢？神州大地发生了天翻地覆的巨变，中国已是人民的中国。多少年来，在漫长的科学救国的道路上，我们科技人员为之奋斗，为之努力。可是我们的希望化成了泡影，遇到的是失业、贫穷、灾难、饥饿……严酷的现实使我懂得了科学救国的道路是走不通的。只有共产党才能救中国。现在党和人民给了我这么高的荣誉，我感到受之有愧。今后，我要拿出全部的智慧与力量，为建设中华人民共和国而奋斗，为振兴中华矢志不移，一往无前……"

　　茅以升将开国大典的请柬珍藏了起来。在之后的 40 年间，他把各种会议的通知和请柬剪贴装订成册，这本册子从另一个角度反映了中华人民共和国成立以来历史发展的缩影。茅老的长女于美给这本册子取名为《盛典存柬》。

"天堑变通途"

> 才饮长沙水，又食武昌鱼。
>
> 万里长江横渡，极目楚天舒。
>
> 不管风吹浪打，胜似闲庭信步，今日得宽馀。
>
> 子在川上曰：逝者如斯夫！
>
> 风樯动，龟蛇静，起宏图。
>
> 一桥飞架南北，天堑变通途。
>
> 更立西江石壁，截断巫山云雨，高峡出平湖。
>
> 神女应无恙，当惊世界殊。

这首词中写的"一桥飞架南北"，是指当时正在建造的武汉长江大桥。茅以升为建造这座大桥倾注心血，奉献才华，立下了不可磨灭的功绩。

修建武汉长江大桥，这是中国人民多年的愿望。过去，人民想大桥、盼大桥，盼来盼去盼不到，还编了许多歌谣，来表达这种失望的心情。有一首是这样说的："黄河水，长江桥；

治不好，修不了。"

修建武汉长江大桥，也是茅以升多年来的理想。早在 20 多年前，他每次路过武汉三镇，看到长江和汉水阻隔交通，一堆堆货物、成串的车辆、拥挤的行人焦急待渡时，脑海里便浮现出一座雄跨长江的大桥。

1935 年，钱塘江大桥开工不久，茅以升就几次到武汉，同湖北省政府商谈建桥事宜。他曾抽调不少人力，花了约一年时间进行勘察设计，做出了建桥计划书。第二年，他又派了一个钻探队，在武昌和汉阳之间，按照设计书中桥墩的位置，进行多孔钻探，查明了长江江底的地质情况，为大桥的设计做了充分准备。

那时，初步预算建桥费需要 1100 万元法币（旧时流通的一种货币），约为钱塘江大桥的两倍。工期预计 3 年。这么多的费用，又是一个大难题。还是像为建钱塘江大桥筹款一样，茅以升一次次奔走于武汉、南京之间。最后商定，由铁道部和湖北省出面，向各银行借款，发行建设公债解决费用问题，将来用"过桥费"偿还。直到 1937 年春，他刚刚跑出眉目，准备在这年 10 月开工，但是战争局势越发紧张，建桥的事只好作罢。

1946 年，桥工处搬回杭州，行走坐卧都想着建桥的茅以升又重温旧梦。他将原设计进行了精心修改，拟出了《武汉长江大桥设计草案》，于这年 12 月将草案送到湖北省政府和粤汉铁路局。时间一天天、一月月、一年年地过去了，这份凝聚着无数人心血和汗水的"设计草案"如石沉大海，杳无音信。

1955 年，茅以升担任武汉长江大桥技术顾问委员会主任委员。当时，政府在人力、物力、财力各方面给予了建桥充分的保障。茅以升深有感触："新旧社会真是两重天啊！"夜阑人静，万籁俱寂，全家人都进入了梦乡，只有茅以升的书房还亮着灯。他的写字台上放着厚厚一摞材料，这是武汉长江大桥的设计草图（其中包括几个方案）及有关资料。他一页一页地阅读着，思考着……

大桥技术顾问委员会准备召开第三次会议，讨论大桥设计的草案，茅以升要在会前做好准备。

设计草案中的大桥桥址，选在武昌蛇山和汉阳龟山之间，这里的江面比较窄，两岸地势较高，是难得的有利条件。桥址选在这里，既可以缩短正桥的长度，大大减小两岸引桥的长度，又可以节省大量人力、物力和财力。

大桥主要由 3 个部分组成：基础、桥墩、钢梁。3 个部分都很重要，哪一部分搞不好，都会影响全桥质量。尤其是基础工程，桥面受力，通过桥墩传到基础部分，再到江底石层。基础建在水下，施工难度较大，一旦建成很难改动。因此，基础设计施工要特别谨慎，倘若做得不好，贻害无穷。

用什么方法建好基础呢？这是茅以升思考最多的问题，也是建桥的关键问题。在龟、蛇两山之间建桥，具有优越性，但是，由于大江为两山所夹，江水很深，流水湍急，江底泥沙层深浅不一，最下面的岩石层比较复杂。这样的情况，对建桥又是不利因素。

怎样克服这些不利因素呢？技术顾问委员会一定要把这些问题解决好。大桥一定要建好，因为建桥是百年大计，更何况这是刚刚诞生的中华人民共和国要建的第一座大桥啊！

建钱塘江大桥时采用的"气压沉箱法"，在这里不能用。茅以升经过反复思考、比较，认定采用"大型管柱钻孔法"是适当的。

自1950年起，他对建造长江大桥的几个方案都做了精确测量和钻探，经反复比较，确定了桥址，同时对各种不同的水下基础设计和桥型、孔跨进行分析比较。到1953年5月完成初步设计后，他多次进行地质钻探，最终于1955年确定了《大桥设计施工方案》。这个方案的具体内容是在蛇山、龟山之间，造一座铁路、公路两用的"联合桥"。下层是铁路，铺设双线轨道，两线之间空出 4.1 米，这样，来去的火车可同时通过；铁路两旁各有 2.25 米宽的人行道。上层是公路，宽 18 米，有 6 条汽车道；公路两旁也各有一条 2.25 米宽的人行道。

大桥全长 1670 米。其中正桥长 1156 米，汉阳岸引桥长 303 米，武昌岸引桥长 211 米。正桥有两座桥台，8 墩 9 孔，每孔跨度 128 米。两岸各建一个桥头堡，这是引桥和正桥分界的建筑物。桥头堡是一座 8 层楼高的大楼，上面筑有民族风格的亭阁。堡内修有 3 层大厅和办公室。为了使人上下桥方便，还修有楼梯和电梯。

其实，武汉长江大桥工程不仅是大桥本身，还包括在武汉地区接通京汉、粤汉两条铁路的全部桥梁、涵洞和铁路联络线 12.9 千米；接通长江南北公路干线的桥梁、涵洞和公路联络线 4.5 千米；除汉水铁路和公路桥外，还有 10 座跨越市区街道的"跨街桥"。这样就把武昌、汉阳、汉口三座城市（今均属武汉市下辖区）连成一个整体。

方案定下后，茅以升又用半年时间，对"大型管柱钻孔法"进行了实验。1955 年 9 月，大桥正式动工。

　　"大型管柱钻孔法"是把30多根直径1.5米的钢筋混凝土管子的下端嵌入江底石层。在管子里放进钻机头，把管底石层钻个窟窿，再在管子里放上钢筋、灌满混凝土，使管子和水下石层连成整体，然后使这些管子的上端连成一个很大的圆柱，这就成了牢固的桥墩基础。最后在这些管子上面筑桥墩。在武汉长江大桥建造期间，茅以升于1955年作为中国科学代表团的一员访问日本，做了关于武汉长江大桥工程的报告。代表团回到上海时，受到社会各界的热烈欢迎，祝贺他们胜利归来。

　　后来，茅以升和技术顾问委员会解决了建桥中的14个技术难题。武汉长江大桥自1955年9月动工，至1957年10月15日全桥落成通车。全国人民多少年来的愿望实现了！

　　这座大桥，完全是靠我国自己的人力、物力、财力建成的。仅用两年时间就建成这样宏伟的大桥，当时在中国桥梁史上创造了建桥速度的最新纪录。大桥全部钢梁重约2.4万吨，其中绝大部分由我国鞍山钢铁厂供应，这在我国桥梁史上也是第一次。大桥全部9座钢梁用"伸臂法"安装，最大构件重达350吨。大桥基础工程所采用的"大型管柱钻孔法"，在世界桥梁史上也是最新的技术。

　　茅以升站在武汉长江大桥上凭栏远望，汹涌澎湃的长江浩浩荡荡，气势非凡。

　　长江历来被人称为"不可飞渡"的天堑。唐代诗人李白面对烟波浩瀚的滚滚长江，写出这样的诗句："白浪如山那可渡，狂风愁煞峭帆人。"三国时期，曹操的儿子曹丕带领人马东征孙吴，到了长江，见波涛汹涌，无法渡过，仰天长叹："固天所以限南北也。"他无可奈何，颓然而返。

　　可是今天，就在这滔滔长江之上，架起了雄伟的人间彩虹。大桥通车那一天，原计划通行两万人，后来增加到 4 万、5 万、6 万，到后来数也数不清了。

　　武汉长江大桥落成的消息震惊了世界。茅以升参加国际会议和出国访问时，许多外国的科学团体和大学都请他介绍武汉长江大桥的施工经验。他曾先后在日本、英国、意大利、法国等国进行演讲。1956 年 6 月，他出席了在葡萄牙举行的世界桥梁会议。茅以升在会上做了《武汉长江大桥基础》的报告，受到各国科学家的称赞。他的专著《武汉长江大桥》更被译为日语、法语、英语等多种文字出版。

人民大会堂的光辉

每当走进人民大会堂，茅以升总要抬头望一望镶嵌在群星闪烁、苍穹似的圆顶上的巨大红星。

为了庆祝中华人民共和国成立 10 周年，1958 年冬，北京开始兴建十大建筑：人民大会堂、中国历史博物馆与中国革命博物馆（两馆属同一建筑，即今中国国家博物馆）、中国人民军事博物馆、钓鱼台国宾馆、民族文化宫、民族饭店、全国农业展览馆、北京火车站、华侨大厦和北京工人体育场。其中，人民大会堂规模宏伟，由万人礼堂、5000 人宴会厅和全国人民代表大会常务委员会办公楼 3 部分组成，建筑总面积为 17180 平方米。

人民大会堂的建筑工期只有 10 个月，这在中外建筑史上尚无先例。1959 年 2 月，茅以升被任命为结构组组长。

这时大会堂工程已在紧张进行中，但经调查试验，发现原来的结构设计尚有欠妥之处，特别是在宴会厅及大会堂吊台等处。

据史料记载，1679 年，即清朝康熙十八年，北京城附近的三河、平谷、通州等县发生强烈地震，波及整个京城，连康熙皇帝都搬出大殿在帐篷内住宿。万人礼堂屋顶空间跨度极大，如不能抗震，后果不堪设想……茅以升慎重其事，对所有构件及其布置一一做了复查，对原设计不妥之处进行了修改和补充。

1959年初秋，经过10个月的艰苦奋战，人民大会堂巍然屹立在天安门广场上。

万人礼堂（人民大会堂原名）应该起个什么名字好呢？茅以升斟酌良久，建议取名"人民大会堂"。这个名字让人眼前一亮，最后被采用了。

9月28日、29日，在新落成的人民大会堂，召开了庆祝中华人民共和国成立10周年大会，这是第一次使用这座可以容纳万人的大会堂。9月30日晚上7点，国内外各界来宾共计5000余人，在宴会厅参加了空前盛大的宴会。作为大会堂建筑功臣的茅以升，也应邀出席了宴会。

1978年3月18日，全国科学大会在人民大会堂隆重召开。中央电视台通过人造卫星向全世界介绍了中国的7位科学家，其中一位就是茅以升。

五洲四海，飞架彩虹

中国成功建造了武汉长江大桥的消息震惊了世界。

日本东京土木工程学术报告会、葡萄牙里斯本国际桥梁协会第五次国际会议、英国伦敦第四十一届国际土力学会议等，纷纷邀请茅以升到会做关于武汉长江大桥的报告。他的报告受到各国科学家与中国留学生的好评。

1951年4月12日，以茅以升为副团长的中国科学院代表团前往捷克斯洛伐克首都布拉格，参加世界科技协会第二届国际会议。会议期间，茅以升拜见了大会主席——法国著名物理学家约里奥 - 居里。约里奥 - 居里是世界著名科学家居里夫人的女婿，对原子核物理学有重要的贡献。1935年，约里奥 - 居里夫妇共同获得了诺贝尔化学奖。茅以升精通法语，与他们亲切地交谈，十分友好。

1955年12月1日，茅以升随中国科学代表团到日本东京进行友好访问。在东京宝冢剧场，茅以升向日本朋友介绍了中华人民共和国5年多以来的建设成就和武汉长江大桥先进的施工技术，受到日本朋友的称赞，与会者报以经久不息的掌声。

学术报告会刚一结束，日本学术报告会会长就把日本桥梁专家友永和夫介绍给了茅以升。友永和夫面带内疚与沉痛的表情说："1938年，我随日本侵华军队来到杭州，为了临时军用，主持修理被炸的钱塘江大桥。我对那座桥做了细致的考察和研究，我认为大桥的设计和施工水平很高，很值得学习。"茅以升说："现在大桥完全修好了。"友永和夫听了颇为赞叹："今后，愿中日两国人民世代友好……"

1956年4月7日，以侯德榜为团长，茅以升为副团长，王雪涛、李霁野、何家槐等为团员的中国文化代表团到意大利访问。4月26日，他们离开米兰乘车来到意大利东北部的水上城市——威尼斯。

威尼斯是意大利著名探险家马可·波罗的故乡。100多条河道如蜘蛛网一样把水城分成118个小岛和1个半岛。岛与岛之间架设了400多座桥，使整个水城连成一体。水城的风光，吸引了众多游人前来观赏。

茅以升参观了威尼斯水城壮观的由大理石砌成的独孔桥——阿里托大桥后，感触颇多。他说："过去我在介绍中国古桥的文章里，多次引用马可·波罗对中国14座古桥的赞美之辞。这位探险家曾于公元1292年，即在卢沟桥建成后100年，亲眼见到了这座以石狮雕刻闻名于世的古桥，还称赞它为'在世界上也许是无可比拟的桥'。然而威尼斯有 400 多座桥，为什么都不能引起马氏的兴趣呢？这次我看到了阿里托大桥，它虽然壮观，但在建筑设计上，比起卢沟桥逊色不少，在建桥时间上也比卢沟桥晚 300 多年。我对马氏不称赞威尼斯古桥之谜，这回才解开了。"

1956 年 6 月 13 日，茅以升率领中国文化代表团访问法国巴黎时，再次见到了约里奥－居里先生。约里奥－居里先生激动地说："茅先生是中国著名的桥梁专家，为增进中法两国人民的科学文化交流，架设了一座友谊的桥梁。"

1965 年 7 月 11 日，茅以升与画家王雪涛、音乐家朗毓秀等人到法国拜访了世界著名画家毕加索。

茅以升等人来到毕加索的住宅。毕加索兴致勃勃地会见了中国客人，并写了中国字，还为每位中国客人画了一幅画留念。音乐家朗毓秀献上一支歌，毕加索夫妇十分欣赏。茅以升高度赞赏了毕加索的艺术成就，并向他们表达了中国代表团的问候。毕加索兴奋地将院内的桂花折下，送给代表团每人一枝。告别时，毕加索站在门口挥手相送，茅以升和代表团成员则挥动桂花表示谢意。

1979 年 6 月 18 日，应美国工程师联谊会的邀请，83 岁高龄的茅以升率领中国科协赴美友好访问团飞往美国访问。

这次访问主要有两个任务：其一是凭借茅以升的威望，动员在美华裔科学家回国讲学或定居；其二是参观美国的博物馆、科技馆，学习其建筑设计、布局和管理经验等，为在我国建造科技馆提供参考。

茅以升一行在美国华盛顿、纽约、匹兹堡、芝加哥、旧金山、洛杉矶等六大城市进行了参观访问。

美国有各种博物馆、展览馆、科技馆约 5000 所（只有少数是政府资助的），其中科技馆有 400 多所，稍大些的科技馆每年接待观众五六百万人次，其中有大批外国游客。

茅以升一行参观了华盛顿的宇航馆、纽约的天文台、匹兹堡的美术馆和旧金山的探索馆。这些科技馆有数十年乃至百年以上的历史，展览的内容十分丰富。

6 月 28 日，茅以升应邀前往母校卡耐基理工学院访问，校长赛亚特颁给他一枚镌刻着地球与橄榄枝图章的"卓越校友"奖章，该奖章用以奖励在世界工程技术方面做出贡献的该校校友。

阔别 60 年的母校已由理工学院改为规模完备的大学，但茅以升读过书的土木系楼依旧存在。展览室内的陈列品琳琅满目，其中就有茅以升在 60 年前写的博士论文《框架结构的次应力》。茅以升是该校第一位工学博士，至今仍是一段佳话。

这天，学校举行了隆重的赠章仪式，校长亲临讲话、授章。茅以升接过奖章，谦逊地说："科学属于全人类，属于一切爱好和平的人民。人类只有共同掌握了科学知识，才能凝成一股征服大自然的巨大力量，推动社会前进。我要在余年为人类的科学事业做出更大的贡献。"

会后，匹兹堡各大报纸纷纷在显要位置介绍了茅以升的简历、成就，并且刊登了茅以升接受"卓越校友"奖章的照片。

6月29日，茅以升又访问了另一所母校——康奈尔大学。他游览了美丽的校园，并不断询问学校各方面的情况。最后，他问陪同的梁达教授："那大钟还敲吗？这是康奈尔大学的标志。"梁达教授看了看表说："还有两分钟。"果然，没过多久，就传来了悠扬悦耳的钟声。茅以升笑着说："还和60年前一样好听，我好像又回到学生时代了。"

茅以升的女儿茅于璋和女婿汤埚孙博士在匹兹堡定居。他们安排了有本地华人、中国友人参加的聚餐式欢迎会，招待访问团全体成员。茅以升即席发表了激动人心的演讲。他针对海外赤子"楚材晋用，报国无门"的忧虑，讲道："现在可以通过中国科协（即中国科学技术协会，下文简称"中国科协"）

联系，把你们先进的学术、科技成果引进祖国。今天已打开了
你们报效祖国的大门，在太平洋上建设起一座报国之桥。"与
会者听完茅以升的演讲，无不动容。会后即有人表示一定要在
短期内回国讲学，为祖国效劳。

　　1982 年 10 月 27 日，86 岁的茅以升应美国国家工程院的
邀请，又一次赴美，接受该院授予的"外籍院士"称号。

　　11 月 3 日是美国国家工程院的第十八届年会。这届年会
新选出美国国家工程院国内院士 48 人，外籍院士 6 人。这是
美国工程技术界的最高荣衔，也是世界工程技术界人士所向
往的荣誉。茅以升是中国第一个获得该院"外籍院士"称号
的科学家。著名的华裔物理学家吴健雄博士也莅临会场，向
茅老祝贺。

　　会议主席是柏尔金先生，他是美国工程学会的主席。

　　会议首先介绍美国国内的新院士，接着介绍外籍院士。

　　当介绍茅以升的事迹时，会场一片肃静。柏尔金先生介绍
了茅老在中国修建钱塘江大桥的艰险经历，认为该桥对建筑上
几个难题的突破，在国际桥梁史上也是值得称颂的。茅以升在
教育上的理论和实践也使与会者产生了极大的兴趣。柏尔金先
生特地走下主席台，亲自给茅以升颁发证书并为他别上一枚蓝

玫瑰会徽。这时他发现茅以升的左襟上已先戴有一枚同样的会徽。原来，这枚会徽是柏尔金先生前几年来华时，赠给茅以升的。"你是我们的新院士中唯一拥有两枚会徽的人。"柏尔金主席幽默地笑着说。

会后，茅以升的好友、美籍华人、教授赵增珏先生与夫人秦昭华设宴祝贺。席间，茅以升说："当年修建钱塘江大桥时，无法与江底互通消息，赵先生帮助我们用微波电话联系。只有微波电话能直线发射，通过水面传到江底。赵先生是电讯专家，希望能回国观光、讲学。"赵先生当即表示："我对祖国的前途充满信心，今后一定多回祖国讲学，共同振兴中华。"

当茅以升离开美国时，次女于璋深情地背诵了 35 年前自己出国留学时父亲的亲笔赠言。

学而时习之，习而时学之。

立志要坚，用心要细，对人要诚。

人生是剧，但须演得好。

第七章 | 桥梁泰斗，科普巨匠
《从小得到启发》启发了新一代

1932 年，美国著名科普作家大卫·狄兹写的《科学的故事》在英国伦敦出版。

当时，36 岁的茅以升正在大学教书。一天，一位政治学教授到他家小坐，喝茶之后，递上一本书，说："茅先生，您看，这本《科学的故事》写得极好。它使我这个外行也看懂了。"

茅以升拿来认真地读了读，感到此书果然写得通俗易懂。他想："如果把它翻译过来，对那些不懂自然科学的人不是很有用吗？再者，这本书是通过讲故事的方式写的，读来使人兴趣盎然，孩子看了也会大有益处的。"

于是，他把这本书给大儿子茅于越看。于越正在攻读英语，看后说："好极了，中小学生一定会欢迎这本书。"茅以升说："我来指导你试着翻译过来吧！"

于越译出初稿，茅以升认真地逐字逐句与原文核对，然后交由中国科学图书仪器公司，于 1937 年 7 月出版。该书分为 4 个部分：第一部分讲宇宙，第二部分讲地球，第三部分讲原子，第四部分讲生物。

这表明茅以升从青壮年时期起，即有志于把科学通俗化，并将其输送给广大的青少年和人民大众。这种思想和努力，对于普及科学知识、弘扬科学精神，极大地提高中华民族的科学文化水平，是非常有必要的。

1950 年 8 月 18 日，第一届全国自然科学工作者代表会议开幕，茅以升当选为中国科协副主席。在大会上，他主张"把科普看作祖国通向现代化的桥梁"，同时，要"培养儿童热爱科学，使他们从小得到启发，为祖国建设而立新功"。他经常说："这是我们老科学家的愿望。"这之后，茅以升亲自在《文汇报》上写了一篇题为《培养儿童热爱科学》的文章。他在文章中写道：

少年儿童在学校学习时，都经常接受各种科学教育，如能认真领会，循序渐进，这样积累起来的知识，对日后深造，就可奠定可靠基础。但光有课堂教育还是不够的，在课外日常生活中，仍该重视科学教育。少年儿童不论看报、参观、听报告，甚至在文娱活动中，都会经常遇到读物作为课堂教育的适当补充……

茅以升认为，科普作家一定要经常深入儿童生活，要时常保持一颗"童心"，把"科普"当成自己的正业，而不是副业。

1955年8月9日，茅以升在北海少年之家参加了少年儿童科学联欢会。他在会上看到了孩子们创造的上千件科技作品。孩子们用精致的模型表演了电动铲土机铲土、人工降雨等。他们的智慧与才能令人欣喜。这支小小的科学队伍，来自祖国各地，最小的只有5岁，最大的才9岁。茅以升感慨万分地说："中国数千年历史上，何时的儿童曾经有过这样一天！"

第二年，茅以升又去参观全国少年儿童科学技术和工艺作品展览会，看了他们的全部展品。在一个由小学生制作的治淮工程模型上，他看出了孩子们对祖国的无限热爱；在原子能电站的模型上，他看出了孩子们向往着科技新时代的明天；这里还有能走、会飞、可游水的动物标本及各种动力工具模型，他看出了孩子们对大自然的浓厚兴趣……

茅以升回家后，伏案执笔，写成了后来在《光明日报》上发表的《检阅了我们科学大军的后备力量》一文。

更令人感动的是，茅以升在82岁那年，照例参加了"六一"国际儿童节的科技活动，与孩子们共度佳节。他来到上海市少年宫，接受了孩子们献给他的红领巾，并且在会上讲了自己童年时的故事。孩子们特别爱听，茅以升不时发出欣慰的笑声。

当天深夜，茅以升不顾虚弱的身体，为上海《儿童时代》杂志写了一篇散文，题目是《从小得到启发》。文章讲述了少年时代许多促使他发奋立志的小事。比如，文德桥倒塌，激发他立志造桥；又如，他为了锻炼记忆力，把数学的圆周率小数点后100位数都背诵下来，由此谈到记忆的奥秘。从小得到的启发，可以成为一个人毕生的志愿。文章虽短，却意味深长，影响巨大，耐人寻味。

1981年7月7日，北京育民小学的10名少先队员到茅以升家里过"科学队日"。3年级小学生樊晓晖是个天文爱好者，他看了《从小得到启发》一文后，暗暗下决心："学习天文要掌握许多数字，计算星球的体积要用精确的圆周率。我要学习茅爷爷，锻炼自己的记忆力。"那天，他要求与茅爷爷当场"比武"，看谁先写完并写对圆周率小数点后100位数。茅以升高兴地说："好啊，60多年来我没遇到对手，现在遇到了，而且是个9岁的小朋友。来，咱们每人拿张纸，当场写一写。"樊晓晖拿到纸以后，笔下的数字就像淙淙的泉水一样流了出来，他竟然比茅以升快两秒写完。可是，当他拿到茅爷爷写的圆周率时，发现写的是101位，比他多写了1位。他想了半天，不解其中意。茅以升亲切地把他搂在怀里，笑着说："圆周率小数点后的数字是无穷无尽的，科学发展的道路也是无穷无尽的。我们千万不能满足现状，要不停地努力向前啊！"这意味深长的话语，打动了在场每个孩子的心灵。樊晓晖捧起茅爷爷写圆周率的纸说："茅爷爷，把它留给我做个纪念吧，我要牢记您的话。"

茅以升将此事写成《小敌手，处处有》的文章在报上发表了，有不少小学生写信给他，表示要同樊晓晖"比武"。1982年4月，茅以升收到了广西融安县长安镇第一幼儿园6岁小朋友王波的信，说他能默背圆周率小数点后215位数字。4月11日，茅以升复信王波，建议小朋友不要死记硬背圆周率，要培养多方面的兴趣，多思考问题。同时，茅以升复信给樊晓晖，他在信中写道：

我非常高兴能有你这样一位小朋友向我挑战。现在是你学科学、找基础的时代，希望你继续努力，勤学苦练，将来为祖国做出更大的贡献！但是，请你注意两件事：一是注意不要骄傲；二是注意身体健康。

"我们的茅爷爷"

茅以升常对人们说："孩子是祖国的未来……爱孩子就是爱祖国的明天。"

茅以升因关心、热爱、培养儿童的感人事迹，被推举为中国少年儿童基金会副主席，全国的少年儿童尊敬地称他为"我们的茅爷爷"。

1978—1981 年，茅以升先后在北京人民大会堂、北京音

乐厅、大众剧场、人民剧场、少年宫等处，为孩子们做了 30 多次科学报告，到会听众共计 6 万余人。

茅以升 1962 年 3 月 4 日在《人民日报》发表的《中国石拱桥》一文，被选进初中语文课本。

《中国石拱桥》一文写得生动、简练，使中学生深刻了解了我国石桥的概貌。文章开头写道："石拱桥的桥洞成弧形，就像虹。古代神话里说，雨后彩虹是'人间天上的桥'，通过彩虹就能上天。我国的诗人爱把拱桥比作虹，说拱桥是'卧虹''飞虹'，把水上拱桥形容为'长虹卧波'。"

茅以升运用生动的比喻，把弧形的石拱桥形象地展现在读者眼前。接着他又以赵州桥为例，赞颂了我国古代劳动人民惊人的创造力。

茅以升所著的《中国石拱桥》一文在中学师生中产生了很大影响，许多教师在备课时反复研究这篇科普散文。1977 年，北京市第九十六中学初中 2 年级的几位青年教师，在讲这篇课文时遇到一些疑难问题，便写信向茅以升请教。信发出去以后，他们又觉得办事欠考虑，因为他们知道茅以升年事已高，工作太忙，很难抽出时间写回信。谁知，两个星期后的一天，一位教师喜出望外地跑来，手里举着一封信，激动地说："看，茅老回信了！"茅以升在信中说，欢迎老师们去他家做客，还把他家的门牌号码，去时乘坐哪几路汽车、在哪儿下车，都写得一清二楚。

老师们来到茅以升家后，他亲切地说："你们对桥梁感兴趣，我很高兴！要说桥，它的含义很广，在我们生活之中，有物质的桥，还有精神的桥，友谊的桥。过去我们不认识，现在认识了，这就架起了一座友谊的桥！"听着茅以升这番热情洋溢的话语，老师们都笑了。接着他又给大家讲了中国桥梁史，讲了石拱桥。为了把问题讲透彻，他到书房里取出一本本画册，指着图讲解。老师们告别时，他又把自己精心积累的关于桥梁的 3 本剪贴资料借给大家参阅。

不久，老师们准备请茅以升给全校同学做科学报告。不巧，这时他因病住院了，学校只好取消原来的安排。可是他们没想到，过了几天，学校突然接到茅以升的电话，他主动要求给学生们做科学报告。学校怕他的身体支撑不住，要他只讲几分钟就行了，可是他却给同学们讲了一个半小时。

在茅以升 82 岁生日那天，他来到北京市第九十六中学，给同学们做科学报告。他容光焕发地走上讲台，少先队员给他戴上了鲜艳的红领巾，他显得更年轻了。

　　茅以升讲道，法国泰克河上的赛雷桥，比赵州桥晚了700年才出现，而且早已不存在了。中国人只要提到赵州桥就会感到无上光荣。后来，中国古代劳动人民还创造了举世闻名的奇迹——在福建建造了一座千米跨海石桥。修桥时历尽千辛万苦。因为海深浪大而无法打桩，熟悉环境的当地群众，便利用每天海潮涨落的规律，向海底抛下许多石块，将海底填高数米，成为一道海底石床。然后，他们又想到一个巧妙的方法，使石块彼此粘连起来，不被海水冲散。这就用到了一种可食用的软体动物——牡蛎。在石堤上养殖牡蛎，利用它们在生长期内彼此集结成片、牢牢地附在岩石上的习性，使海中石块紧紧连为一体，成为坚固的桥下基础。宋代诗人赞曰："跨海飞梁叠石成，晓风十里渡瑶琼。雄如建业牙城峙，势若常山蛇陈横。"这样筑成的桥下基础，即现代桥工中的所谓"筏形基础"。世界其他国家运用这种方法还不到100年，而我国桥工早在900年前就运用了。这是划时代的杰作，是为人类做出的巨大贡献……

　　同学们听了以后感叹不已，他们在会后纷纷查找茅以升写的有关桥梁的科普散文，如《洛阳桥与江东桥》《桥名谈往》《人间彩虹》《桥话》《五桥颂》《二十四桥》等。他们当中出现了许多"桥迷"，后来，有些人考入大学后专攻桥梁专业，一直和茅以升保持着密切的联系。

茅以升家的客厅经常是少年科学爱好者的会场。这位白发苍苍的知识渊博的老爷爷身边，聚集着一批又一批的少先队员。孩子们亲切地称呼他为"我们的茅爷爷"。

1979 年 4 月 11 日，《中国少年报》刊登了一篇题为《怎样对待作业》的通讯，报道了北京市三里河第三小学的少先队员们访问中国科协副主席茅以升的事情，配合文章内容还刊登了茅以升在客厅里和孩子们谈话的照片。4 月 17 日，河南省新乡市新华区解放路第二小学的同学们看到这份报纸后，都沸腾了。3 年级和 4 年级的少先队员给茅爷爷写了一封信，信中写道：

> 茅爷爷您已 83 岁高龄，每天还在做作业（写稿）。您说："……要活到老，学到老，写到老，干到老！"这是火一般的热情。您嘱咐我们："孩子们每天看到红领巾，就要想一想，作业认真做了没有？不认真做作业对不起红领巾啊！"这是多么亲切的关怀呀！我们绝不辜负您的期望……

　　为了表达对茅爷爷的心意，他们每人从家里拿出一个鸡蛋送给这位老科学家。

　　4月25日，茅以升收到了这份珍贵的礼物。当时，他正准备率领一个代表团出国访问，忙得终日无片刻闲暇。家里人劝他等回国后再给孩子们复信，他却说："对孩子们的事一定要认真，即时办理，说话要算数。"他买了70本儿童科普图书寄给了孩子们。他连夜复信，鼓励孩子们努力学习科学文化知识，提高思想觉悟，为将来攀登科学高峰奠定坚实的基础。信中还表示，他愿意接受他们的邀请，做他们的校外辅导员。

　　茅以升与家乡的孩子们更是心连心，时刻关怀着他们的成长。

　　1979年春，茅以升为《镇江科技报》寄去了自己的回忆录《征程60年》，同时寄去了自己的一帧照片和毛笔题词。

　　报纸印发后，中小学生争相传阅。镇江市第二中学团委和少先队联合举办了"学习茅以升爷爷，从小立志攀高峰"的主题报告会。这次活动激发了同学们爱科学、学科学、用科学和立志为祖国建设而勤奋学习的热情。会后，初中1年级的语文老师以此为题布置了作文，许多班级还编了墙报、黑板报。初中1年级的少先队员们，还集体给茅以升写了信。镇江市科协将活动的情况拍了照片，制成影集，向茅以升做了汇报。

茅以升接到孩子们的信和影集后，非常感动，他给二中的学生们写了一封热情洋溢的回信。他在信中这样写道：

> 你们是我故乡的小朋友，我很爱你们。中学时期在人的一生中是最重要的阶段。殷切地期望你们学科学、爱科学，打下各门功课的扎实基础，长大了才能成为建设祖国、建设家乡的优秀人才。我已经83岁了，虽然还想竭尽心力为祖国的科技事业做些贡献，但是毕竟到了把接力棒传给后人的时候了。祖国的"四个现代化"在等待着你们，老一辈科学家也把希望寄托在你们身上，同学们努力吧。
>
> 你们的爷爷
> 茅以升

1984年4月5日，茅以升来镇江参加《中国大百科全书·土木工程》卷编委会成立会议。他一到镇江就向市政府负责接待的同志问及二中的同学们，并把珍藏了许久的影集给市有关领导看，并希望能见见二中的同学们。

4月7日上午，茅老在各机构负责同志的陪同下，应邀专程到二中看望了同学们。当他走下轿车时，全校师生顿时欢腾起来。二中校长代表全校师生向他赠送了校徽，并亲自为他佩戴在左胸前，少先队员为茅老献上鲜艳的红领巾和鲜花。茅以升满怀深情地说："我过去总想见家乡的同学们，今天达到目的了，我非常高兴。"他希望同学们好好学习，将来为家乡的建设做出贡献，最后还勉励大家："从小立志，振兴中华。"

在休息室里，茅以升兴致勃勃地听取了学生代表的汇报，并看了该校几年来在课外科技活动方面取得的成绩。二中物候观测小组的代表，几年前曾出席全国青少年科技作品展览大会，并获得银质奖章，因此受到茅以升的亲切接见。这次他们特别激动，表示一定要把青少年科技活动搞得更好。爱好物理的赵礼嘉同学向茅以升汇报了她做实验的情况，茅以升专注地听着，亲切地说："你们学习电子计算机吗？现在正兴起技术革命的新浪潮啊！"赵礼嘉同学说："现在还没有，以后会学的。"

茅以升高兴地点了点头。学校《撷雨》文学社的郭磊同学向茅以升汇报了他们学习写作的情况，茅以升也详细地询问了他们活动的时间和内容，说："文学很重要，文学是基础。你们不仅要练习笔头表达能力，还要注意口头表达能力，口头表达能力也很重要。"当他听说文学社的张阳军同学获得了"可爱的中国"征文一等奖时，高兴地和他握手，连声说："很好，很好！"同学们把一本贴有科技活动和镇江风景名胜照片的精致影集献给了茅以升，他笑着说："太感谢啦，我留作纪念。"在阵阵欢声笑语中，摄影师为茅以升和孩子们留下了一个个珍贵的瞬间。

茅以升回北京后，于 4 月 17 日给二中校长回了信：

日前因参加《中国大百科全书·土木工程》卷编委会成立大会，欣见梓里建设新面貌，承贵校师生为集会欢迎。回忆 1981 年 9 月 18 日故事会，彼时南北千里遥隔，今欢聚一堂，互通情怀，深感喜慰。两年前寄赠的照片一组，又承重加装帧，汇成一册，可称富有意义的纪念品，特向贵校全体师生敬致深切谢意。

1986年1月9日是茅以升的90岁生日，二中师生致电祝贺。茅以升在回信中写道：

承贵校师生为我90生日致电祝贺，深感盛情。1984年4月访问贵校时受到热情接待，借此，我谨向贵校师生祝愿学业精勤日进，为振兴中华做出更多的贡献。

"6+2＞8"

"博闻强记，多思多问，勤于实践，勇于创新。"这是茅以升为中国少年儿童出版社编辑孙士庆题赠的学习 16 字诀，以鼓励他克服困难，攻读职工业余大学。

1979 年以来，孙士庆为茅以升写传，多次登门采访，在客厅里、书房内、饭桌上、庭院中倾听茅以升讲述自己传奇的一生。

茅以升对孙士庆的业务进修关怀备至，当了解到这位青年编辑的学业情况后，他语重心长地说："我建议青年朋友用 6 小时去完成 8 小时的工作，剩下 2 小时进行业务学习。即使每天工作 6 小时，学习 2 小时，其效益将大大超过 8 小时，这就是'6+2＞8'。20 年代初期，我在美国康奈尔大学取得硕士学位后去桥梁公司实习。我只用 6 小时就完成了 8 小时的任务，剩下 2 小时去卡耐基理工学院进修，准备攻读博士学位，当然晚上的时间更不能放弃。高效率的工作，高效率的学习，换来了意想不到的成果，从硕士考取博士需要 2 年时间，我只用了 1 年时间就完成了。秘诀就是我边做工边学习，而且上了夜大学……士庆同志，我讲的上述成功实例供你参考。如有可能，去考北京宣武红旗业余大学。这所大学是 1958 年成立的，是北京第一所业余大学，培养了许多人才。"

听了茅以升一席话，胜读十年书，孙士庆十分感动。他进一步了解到茅以升不仅提出"6+2＞8"的观点，还身体力行，每天在书房里进行科研，同时抽出时间阅读文学书籍，不断提高自己的文学造诣，从而写出了精彩的科普散文。

得益于茅以升的言传身教，孙士庆顺利考入北京宣武红旗业余大学中文系。

为了帮助青年一代提高业务水准，茅以升把"6+2＞8"的业余教育观点又运用于对青年科技工作者继续教育的实践中。

他非常关注科学技术上的新成就、新发展。当他了解到微电子技术，特别是电子计算机在土木工程的应用上起到不可替代的作用时，于 1981 年提出立即成立中国土木工程计算机应用学会，要缩短与先进国家间的学术差距。针对第一线工程技术人员知识更新的迫切要求，他自告奋勇兼任北京市科技进修学院院长。

为了搞好工程技术人员的继续教育，89 岁高龄的茅以升主编了《现代工程师手册》。那时，茅以升视力减退，他就请编委把全书 9 章 400 多条目一段段地读给他听。他全神贯注、一丝不苟，当场提出许多重要的修改意见。后来，中央广播电视大学以这本书为教材，举办了"工程技术人员继续教育专修班"，通过卫星频道向全国播出，培训约 16 万人。茅以升在电视上看到这个节目时十分激动，他说："能为后辈人做点儿实事，感到很高兴。"

科学与文学结合的巨匠

"科学绝不只是科学家的事情。只有让广大群众懂得科学，才能提高整个国家的科学水平。"早在 20 世纪 30 年代，茅以升就形成了这一观点。为了实现这个目标，他呕心沥血，写出了大量寓意深刻、生动感人的科普文章。

1949 年前，茅以升在上海科学公司出版的《科学画报》上连载过《钱塘江桥工程》的文章，当时未有"科普"一词，但该文属科普性质。

1949 年后，茅以升先后当选为中国科协副主席和名誉主席，为广大科普工作者树立了一面旗帜。1963 年 2 月，《人民日报》开始连载他的杰作《桥话》。这是一部科学与文学相结合的典范，他通过《桥话》这座"桥"把知识介绍给广大青少年和群众。

《桥话》全文分为 4 节：最早的桥，古桥今用，桥的运动，桥梁作用。

茅以升自幼随祖父学文，涉猎很广，他的床边枕边常放着各种书籍。他尤其喜爱中外古典名著，最欣赏的是莎士比亚和曹雪芹的作品，说是"百读不厌"。他酷爱文学名著，进行了多年的研究，甚至在钱塘江建桥的紧张时刻，在战火纷飞的动乱年月，也从不间断。对于文学理论，他还有独到的见解，不了解他的人听了还以为他是一位文学评论家呢。

茅以升笔耕不辍。后来，他与夏承栋、陆师善经过 3 年的努力，合作编成《桥话》资料 9 册。

这 9 册有些什么内容呢？说来也有趣，这是一套中国古典诗词中有关"桥梁"的文艺鉴赏词典。选题从何而来？原来，茅以升平日写有关桥梁的科普文章时，善用古典诗词，以增添文采。讲原始古桥时，引用唐朝诗人杜甫的诗："伐竹为桥结构同，褰裳不涉往来通。天寒白鹤归华表，日落青龙见水中。顾我老非题柱客，知君才是济川功。合欢却笑千年事，驱石何时到海东。"讲到四川万里桥时，引用苏轼的诗："我欲归寻万里桥，水花风叶暮萧萧。"讲到北京卢沟桥——这座被中世纪意大利旅行家马可·波罗喻为"天下第一桥"的桥时，引用元朝陈高的《卢沟晓月图》："卢沟桥西车马多，山头白日照清波。"以及明朝顾起元的《卢沟桥》："最是征夫望乡处，卢沟桥上月如霜。"……

茅以升发现，中国古典诗词中涉及"桥梁"的诗句很多，他突发奇想，约上两位老友合作，翻阅全唐诗、全宋词、元曲及各家选本，对凡是关于描写桥梁、歌颂桥梁及桥边悲欢离合的典故，均加以考证与注释，用工整小楷抄录在一式的稿纸上。茅以升亲手装订，设计封面，日积月累，居然装订成厚厚的一套 9 册《桥话》。许多学者称之为中国古代桥梁诗词考证与注释之最，甚至可以编入吉尼斯世界纪录。

1980 年，茅以升写的《没有不能造的桥》一文，歌颂了中国人民建造新桥梁的成就及人类的创造力，于 1981 年荣获全国新长征科普创作奖一等奖。

茅以升一生出版科普科技专著 11 卷，为中外各报刊撰写文章 200 多篇。其中的许多篇章被译为俄语、日语、德语、法语、英语、西班牙语。他为人类科学宝库留下了总计约 400 万字的不朽著作。

第八章 | 化作彩虹留人间
生命从 90 岁开始

1986 年 1 月 9 日，是茅以升的 90 寿辰。

中国科协、铁道科学研究院、北京市科协联合举行了庆贺茅以升从事科教工作 65 周年暨 90 寿辰大会。茅以升对前来祝贺的亲友说："老骥伏枥，壮心不已，生命从 90 岁开始。"

这一年，即使已经 90 岁高龄，这位科学家始终在发光发热，不停地工作：在北京饭店宴请美国土木工程师协会代表团；出席中国科协第三届大会，并任名誉主席；出席北京市科协第三届大会，做工作报告并任名誉主席；主编《中国古桥技术史》一书（翌年获中国图书奖荣誉奖）。

90 岁高龄的茅以升，于 1986 年 11 月 22 日写了入党申请书，他在申请书中写道："我已年逾 90，能为党工作之日短，而要求入党之殷切期望与日俱增。"他又说："我是继续在党外，还是加入党，怎样对党有利，对国家和人民有利，我就应当怎样做，这是大局。而为共产主义奋斗终生，这是我终生的志愿。"

是的，茅以升追随中国共产党，屈指算来已有近 40 年的历史了。

1987 年 10 月 12 日，在鲜红的党旗下，91 岁的茅以升高举右手一字一句地宣誓入党。那沧桑而稍带嘶哑的声音，掩不住他内心的喜悦和激动："今天，是我一生中最光荣、最难忘的一天，我入党了！"他当时的神情和激动的心情，不像是 91 岁的老者，却像个 19 岁的青年。

茅以升在晚年始终没有停止工作，真可谓"老骥伏枥，壮心不已"。可是，一次意外的事故，使他开始了病榻生涯。

1987 年 10 月 14 日，也就是茅以升入党后的第三天，他因感冒发高烧住院治疗。那时马上要召开党的第十三次全国代表大会，他执意要参加开幕式和闭幕式。

11 月 1 日，是举行大会闭幕式的日子。茅以升清早起床后，7 点多便坐在沙发上准备去开会。但这天的天气不好，刮起了大风，气温也较低。女儿玉麟给在医院的茅以升打电话，劝他不要去开会了。可他说什么也不听，几乎在电话中与女儿吵起来："今天并不冷，只是有点儿风，我多穿点儿衣服，怕什么！"玉麟不敢违背他的意愿，便说："好吧，我马上就来。"说完，她急忙赶往医院。谁知，等她赶到医院时，茅以升身边已围满了医生。原来是他在上完厕所走回沙发时，忽然跌倒，造成左腿胫骨骨折。但他说："没关系，一点儿也不疼，可是今天不能参加会议了，唉！"医生让他卧床休息，他勉强答应，并悄悄对玉麟说："医生走了，我就起来。"没想到他这一躺，便是两年。

当晚，茅以升便开始昏迷了，体温升高、血压下降、心律不齐……此种情形持续了几天，而且每况愈下，输液管、氧气管、胃管、尿管，全部都给他插上了。主治医师这时通知他的家属准备后事："茅以升病危！"

好在经医务人员抢救，茅以升的病情逐渐稳定，并有所好转。半月后，经化验，他的数项指标趋于正常，人也清醒了。11 月 26 日，他开始自己吃流食了。

茅以升恢复健康后，头脑有时仍有些不清楚，经常不知道自己在什么地方，时而会说："小麟我们准备开会去了，看看车子来了没有？""小麟，我要回家了。"他有时说要回镇江，有时说要回南京。见此情景，女儿不禁潸然泪下，虽知道他再也不能回家乡了，但不忍伤他的心，便说："好吧，等你再养几个月，我们一起回去。"

茅以升身体虽然好了一些，但左腿已不能站立行走，只能坐在轮椅上，由玉麟等人将他推到楼道或阳台上。在那里，茅以升同女儿度过了一段愉快、难忘的时光。他每日卧床，只是在午睡后起床三四个小时，或坐在轮椅上，或坐在沙发上。每次起床，他都哼着小曲，很是高兴。有时玉麟一边给他按摩，一边与他交谈："爸，现在您还能背到圆周率小数点后 100 位吗？"他笑了笑："不好说。"女儿笑着说："一定是忘了。"他哈哈笑起来。

茅以升平时饮食很随便，从不挑食，每天的早餐都是玉米糊、牛奶、蜂蜜、鸡蛋，数十年如一日，有时也吃点儿零食。可他最喜爱的是咖啡、牛肉干、花生米。从街上买的花生米，往往不如宴会或招待会上的好。有一次，小女儿玉麟陪同茅以升出席招待会后，看到桌上还剩下不少花生米，就顺手包了一点儿带走。第二天给茅以升吃时，他连说好吃，问女儿是从哪儿买的。当得知是玉麟从招待会上"偷"的，他又恼又笑地说："这多难看，下次不可以喽。"有一次，玉麟推着他去散步，他说饿了，想喝点儿咖啡。玉麟赶紧给他冲了一杯，他尝了一口，就说："不好吃，难吃。"听到这话，做女儿的心里好难受啊，"父亲因久病味觉已变，想吃自己喜爱的东西，却已品不出味儿来了。"就这样，他吃了两年"没有味道"的饭菜。

茅以升住院的两年间，每逢 1 月 9 日（他的公历生日），不少单位的领导都会前来祝贺。这一天，茅以升总是十分高兴，精神抖擞，头脑也格外清醒，与客人亲切交谈，还询问各部门的工作情况。每当这时，家属们却最担心，怕他劳累过度。

茅以升住院期间呼吸道经常感染，但在大夫们的精心护理下，都很快痊愈了。1989年9月11日那天，茅以升有点儿发烧，大夫查房后开了些药，似乎问题不大。但从这日起，他的病情时重时轻，一直恢复不了。咳嗽、痰涌、气喘、发烧始终折磨着他。尤其在他不能咳痰时，就要用吸痰器吸痰，十分痛苦。他清醒时便说："真逼人。"接着，又发生吞咽困难，不得已，插上了鼻饲管。一天，他突然对玉麟讲："我要走了。"玉麟以为他又在说胡话，边热牛奶边问："您又要到哪儿去？"他以责备的口吻说："唉，这你还不懂，就是我的病好不了了！"尽管心里十分难受，但玉麟仍安慰他说："别瞎想了，您的病基本上好了，只是在恢复阶段。"他听后，微微笑了。

从10月24日起，他的病情逐渐加重：咳嗽，高烧不退，腿部浮肿，胃又出血，各种管子又都插上了。到了11月10日，他的病情恶化，血压下降，低压到过20毫米汞柱，只得靠升压药来维持。由于禁食，他的血管壁失去了弹性，输液针头难以插入，护士们头上冒着汗珠，一针又一针，最后才勉强扎入。那些天，茅以升的家属寸步不离，女儿握着父亲滚烫的手，凝视着他的生命线（输液管）。茅以升的脸似乎有点儿变形了，这是一个坏兆头。

11 月 12 日，茅以升已到了弥留之际，他的心律在每分钟 44 次至 170 次之间乱跳，胃大量出血，无尿，高烧，房颤……下午 2 点 45 分，值班大夫忽然喊道："不好，血压下降，心律过慢，准备抢救！"3 点整，心脏监视仪上的那颗跳动的"小绿蝌蚪"不见了，只剩下一条笔直的绿线……

就这样，茅以升走完了他 93 度春秋的坎坷人生之旅。

桥魂归来

1989 年 11 月 12 日下午 3 点，茅以升同志在北京逝世，终年 93 岁。一颗科学巨星陨落了。

唁电和唁函，从全国各地及五洲四海飞往北京。唁电和唁函，来自中外各界知名人士，也来自普通的人民群众；来自中外著名学术团体，也来自边远地区的中小学。

首都各大报纸，均在头版登出茅以升的大幅照片和讣告。海外许多学术刊物也发表了纪念茅以升的悼文。

1989 年 11 月 27 日，来自中国各界的 1000 多名代表前往八宝山革命公墓，向著名桥梁专家、教育家、社会活动家茅以升同志的遗体告别并敬献花圈。

首都青少年代表送来了自制的 10 个纸花圈，每个花圈上面写着一个字，合起来是"茅爷爷，我们永远怀念你"。

茅以升的女儿在骨灰盒上镶嵌了一张钱塘江大桥的照片，中华桥魂将伴随着时代的大桥，共同化作彩虹，永远留在祖国的江河大地上。

茅以升是位伟大的人、质朴的人。他本是一个普通的孩子，通过不懈的奋斗，才成为一代科学巨匠，才把他童年编织的梦幻"彩虹",变成了永恒的现实。

树高千丈,叶落归根。茅以升在弥留之际多次对秘书郑淑娟说:"小郑,车来了没有,我们回家去,回镇江去。"

茅以升热爱家乡,情系故里,给镇江人民留下了美好的回忆。

1979年,茅以升为《镇江科技报》题词后,还专门写了一封信,十分谦虚地说:"我只是一个普通的科普工作者,一生并没有什么突出的成就,钱塘江大桥的建成也是全桥工程技术人员和工人共同努力的结晶,我只是一个代表而已。"

茅以升心愿得偿,安息在了故土——镇江。

茅以升晚年时曾两度返回故里。

1984年4月5日,他来镇江参加《中国大百科全书·土木工程》卷编委会成立会议。

1987年9月29日,茅以升参加了钱塘江大桥建桥50周年庆祝会,这是他在返京途中最后一次回到家乡。

他乘坐轮椅来到蒋乔乡嶂山脚下,祭扫了父母的坟茔,了却了多年夙愿。

他乘坐轮椅到伯先公园(父辈的战友赵伯先烈士的纪念公园),与家乡人民欢度中秋和国庆佳节,并观看了国庆灯展,深感快慰。他还不时通过秘书向家乡人民致以节日的问候。

他乘坐轮椅参观了"梦溪园"。他亲笔题写的"梦溪园"3个字，成了宋代大科学家沈括纪念馆正门的标志。

他似乎已预感到，这是最后一次回故乡，似乎觉得还有许多事情等待去做……

遵照茅以升生前的遗愿，他的部分遗物由其家属捐赠给家乡——镇江市人民。这批捐赠的遗物有各种著述、书信、资料手稿，各种中外奖章、荣誉证书、任命书、委任状，各种录像录音带、社交活动照片以及他生前长期使用过的工作、生活器具，共计4类800余件。其中包括他在建造钱塘江大桥时使用过的自制测绘工具及部分资料，早年留学美国时的博士论文、毕业证书以及一些中外著名专家学者写给茅老的信件等重要史料实物，具有很高的研究和收藏价值。镇江市人民政府把这些遗物整理后公开展出，供各界人士观瞻、研究。

镇江市人民政府修建了茅以升纪念馆，与北宋大科学家沈括纪念馆"梦溪园"合为一处，树为楷模，激励后世。

未完的故事

茅以升在人生的旅途中走完了 93 个春秋，功成名就，流芳千古。

茅以升的思想境界宽阔而深远，他想到了过去，看到了今天，更展望了明天。他为青少年写出了《桥梁远景图》一文，预示了 21 世纪桥梁的光辉未来。文中写道：

> 将来的桥梁一定会造得很美。一座桥的轮廓和组成部分，会安排得为大地生色，为江山添娇。桥的构件不再是直通通的棍子，而是柔和的，有的如花枝一般；它也不是头尾同样粗细，而是全身肥瘦相间的。各个构件都搭成各种姿态，而且各有不同的色彩，把全桥构成一幅美丽的图画。桥上的人行道上还有小巧玲珑的亭台楼阁，让人们在这长廊穿过时，"胜似闲庭信步"。
>
> 将来也会有很小很轻便的桥，可以随身携带，遇到小河，随时架起来，就可在上面走过河。这

种"袖珍"桥也许要用一种极轻极软、强度又极高的塑料作材料。先把这种材料制成极薄的管子，用打气筒打进空气，这管子就成了非常坚硬的杆件。再把这样的杆件造成桥的形状，折叠起来，放在身边，如同带雨衣一样，在走到河边时，打打气就可以架起一座桥。这样，岂不是不用"望洋兴叹"了吗？

未来的桥梁远景图是多么美好啊！设计这幅远景图的建桥大师的心灵更美好！

茅以升为了祖国与人类的桥梁事业和科普事业奋斗了一生，他爱桥胜过爱自己的生命。桥，倾注了他全部的心血、炽烈的情感；桥，凝聚了他巨大的力量、献身的精神；桥，赋予了他美妙的遐想、对未来的憧憬……不是吗？茅以升用他整个生命架设了一座通向幸福的桥，让亿万建设者从他的身上阔步前进，奔向光辉灿烂的明天。

为了勉励后人学习茅以升为祖国、为人类、为科学献身的精神，并继承他未竟的事业，茅以升生前担任过职务的多家单

位联合发起并成立了茅以升科技教育基金，由中国科协振华基金会接手，成为该会的第二十六个专项基金和理事会成员。茅以升科技教育基金委员会成立大会于 1991 年 1 月 5 日在北京人民大会堂江苏厅隆重举行，会上向 11 名青年科技工作者颁发了首届"茅以升北京青年科技奖"。

茅以升的故事并没有结束，科学发展还在滚滚向前。我们伟大的中华民族在新的世纪中，一定会为人类做出更大的贡献。